SOLITUDE D'ISRAËL

DU MÊME AUTEUR

Essais

BANGLA-DESH : NATIONALISME DANS LA RÉVOLUTION, Maspero, 1973. Réédité au Livre de Poche sous le titre : Les Indes rouges, 1985.
LA BARBARIE À VISAGE HUMAIN, Grasset, 1977.
LE TESTAMENT DE DIEU, Grasset, 1979.
L'IDÉOLOGIE FRANÇAISE, Grasset, 1981.
IMPRESSIONS D'ASIE, Le Chêne/Grasset, 1985.
ÉLOGE DES INTELLECTUELS, Grasset, 1987.
LES AVENTURES DE LA LIBERTÉ, UNE HISTOIRE SUBJECTIVE DES INTELLECTUELS, Grasset, 1991.
LES HOMMES ET LES FEMMES (avec Françoise Giroud), Orban, 1993.
LA PURETÉ DANGEREUSE, Grasset, 1994.
LE SIÈCLE DE SARTRE, Grasset, 2000.
RÉFLEXIONS SUR LA GUERRE, LE MAL ET LA FIN DE L'HISTOIRE, PRÉCÉDÉ DES DAMNÉS DE LA GUERRE, Grasset, 2001.
RAPPORT AU PRÉSIDENT DE LA RÉPUBLIQUE ET AU PREMIER MINISTRE SUR LA PARTICIPATION DE LA FRANCE À LA RECONSTRUCTION DE L'AFGHANISTAN, Grasset/La Documentation française, 2002.
QUI A TUÉ DANIEL PEARL ?, Grasset, 2003.
AMERICAN VERTIGO, Grasset, 2006.
CE GRAND CADAVRE À LA RENVERSE, Grasset, 2007.
DE LA GUERRE EN PHILOSOPHIE, Grasset, 2010.
LA GUERRE SANS L'AIMER, *Journal d'un écrivain au cœur du printemps libyen*, Grasset, 2011.
L'ESPRIT DU JUDAÏSME, Grasset, 2016.
L'EMPIRE ET LES CINQ ROIS, Grasset, 2018.
CE VIRUS QUI REND FOU, Grasset, 2020.
SUR LA ROUTE DES HOMMES SANS NOM, Grasset, 2021.

Suite en fin de volume

BERNARD-HENRI LÉVY

SOLITUDE D'ISRAËL

BERNARD GRASSET
PARIS

Photo de couverture : © Laurent Fabre.

ISBN 978-2-246-83872-2

Ce livre est dédié à

Mohammad Alatrash ; Liri Albag ; Edan Alexander ; Hisham Al-Sayed ; Hamza Alziadne ; Youssef Alziadne ; Matan Angrest ; Noa Argamani ; Karina Ariev ; Uriel Baruch ; Ohad Ben Ami ; Ron Benjamin ; Agam Berger ; Ziv et Gali Berman ; Ariel et Kfir Bibas ; Shiri et Yarden Bibas ; Elkana Bohbot ; Rom Braslavski ; Yagev Buchshtab ; Amit Ester Buskilla ; Itay Chen ; Eliya Cohen ; Nimrod Cohen ; Ariel Cunio ; David Cunio ; Emily Damari ; Alex Dancyg ; Oz Daniel ; Ori Danino ; Evyatar David ; Sagi Dekel-Chen ; Itzik Elgarat ; Kaid Farhan Elkadi ; Carmel Gat ; Itzhak Gelerenter ; Daniela Gilboa ; Guy Gilboa-Dalal ; Hersh Goldberg-Polin ; Romi Gonen ; Maxim Herkin ; Orion Hernandez-Radoux ; Eitan Horn ; Yair Horn ; Tsachi Idan ; Bipin Joshi ; Ofer Kalderon ; Segev Kalfon ; Elad Katzir ; Amiram Kooper ; Andrey Kozlov ; Bar Kupershtein ; Naama Lévy ; Or Lévy ; Eliyakim Libman ; Oded Lifshitz ; Alex Lobanov ; Shlomo Mansour ; Almog Meir Jan ; Avera Mengistsu ; Yoram Metzger ; Omri Miran ; Eitan Abraham Mor ; Gadi Moses ; Avraham Munder ; Omer Neutra ; Tamir Nimrodi ; Michel Nisenbaum ; Yosef Ohana ; Alon Ohel ; Avinatan Or ; Dror Or ; Daniel Peretz ; Chaim Peri ; Natthaphong Pinta ; Nadav Popplewell ; Sonthaya Oakkharasri ; Sudthisak Rinthalak ; Surasak Rumnao ; Lior Rodaif ; Bannawat Seathao ; Almog Sarusi ; Eli Sharabi ; Omer Shem Tov ; Tal Shoham ; Idan Shtivi ; Keith Samuel Siegel ; Watchara Sriaoun ; Doron Steinbrecher ; Sathian Suwankam ; Pongsak Thaenna ; Sasha (Alexander) Trofanov ; Omer Wenkert ; Yair Yaakov ; Chanan Yablonka ; Ohad Yahalomi ; Arbel Yehoud ; Dolev Yehoud ; Eden Yerushalmi ; Matan Zangauker ; Shlomi Ziv – toujours otages du Hamas à Gaza le 23 février 2024.

PREMIÈRE PARTIE

Métaphysique du 7 octobre

1.

Pogrom

Je suis arrivé en Israël au lendemain du 7 octobre.

A l'aéroport Ben Gourion, les alertes retentissaient à un rythme soutenu.

Tel Aviv et Jérusalem, glacées malgré la chaleur de l'été tardif, semblaient des villes mortes.

Sderot, cité maintes fois martyre, à la frontière de Gaza, s'était vidée, elle aussi, de la quasi-totalité de ses habitants.

Je connaissais la ville.

J'essaie d'y passer, par principe, depuis vingt ans, à chacun de mes voyages.

Et, en 2009 et 2014, lors des deux précédentes guerres de Gaza, à l'époque où l'on y vivait 24 heures sur 24, dans les abris, sous les roquettes, j'y étais resté, pour les besoins de reportages, un peu plus longtemps encore.

Mais jamais je ne l'avais vue dans cet état de désolation.

Jamais je n'aurais imaginé trouver, à l'entrée de la ville, au milieu de la route Menahem Begin sans voitures, la dépouille d'un djihadiste abattu et recouvert d'une bâche bleue qui laissait voir des jambes noircies, couvertes de fourmis et en train de pourrir dans un trapèze de soleil.

Et quant à me retrouver nez à nez, devant le poste de police incendié dont il ne restait que la carcasse, avec mon homonyme, journaliste à *Haaretz*, et virulent critique d'Israël, Gideon Levy… : j'ai beaucoup d'homonymes ; j'ai eu l'occasion, avec quelques-uns d'entre eux, de méditer sur les facéties d'un esprit du judaïsme qui jette dans les mêmes noms les destins juifs les plus dissemblables ; mais ce Lévy-là… me surprendre à lui serrer la main et à communier dans une stupeur qui faisait fi, soudain, de nos pensées antérieures… se retrouver, ensemble, face à une assemblée où se mêlaient pompiers, policiers, soldats de Tsahal arrivés dans la matinée ou réservistes accourus, plus tôt, de leur propre chef, car un parent, un ami, un camarade de régiment, les avait appelés, depuis une chambre forte, pour dire, dans un souffle, et ce fut, pour certains, leurs derniers mots de vivants : « les loups sont entrés dans la ville ; on les devine ; on les entend ; ils sont dans le jardin, le salon, la chambre des enfants ; ils tentent, là, à cet instant, tandis que je m'arc-boute, de forcer le verrou »… cela non plus, je ne l'aurais pas imaginé.

Dans les kibboutz, ce fut pire.

Je les connaissais, eux, depuis longtemps.

Je savais qu'ils étaient le bastion de ce sionisme laïc, libéral, pacifiste, qui fut, dès 1967 et la guerre des Six Jours, mon premier lien avec Israël.

A Kfar Aza par exemple, j'étais venu, avec Ely Ben-Gal, intellectuel progressiste, sauvé de la Shoah par un Juste du Chambon-sur-Lignon, qui y avait, quelques mois plus tôt, mené Sartre et Beauvoir.

A Be'eri, le kibboutz voisin, j'avais séjourné chez des Juifs kurdes dont le projet était de renouer avec le rêve d'or d'une cohabitation avec leurs frères arabes que seule la tyrannie de Saddam Hussein avait, me disaient-ils, brisée dans leur Irak natal.

Et même si je n'y suis entré qu'après les premiers reportages des chaînes israéliennes, même si les équipes de Zaka, l'ONG dont la sainte tâche est de retrouver les morceaux manquants des corps afin de leur donner, remembrés, une sépulture humaine et juive, étaient passées avant moi et avaient inhumé la plupart d'entre eux, je ne suis pas près d'oublier : ni l'odeur de lait aigre qui régnait dans les maisons mitraillées, désossées, à demi brûlées et qui, avec leurs armoires de hêtre blond dont l'humble contenu avait volé à travers les pièces, semblaient avoir survécu à un ouragan ; ni les rues joliment dessinées, bordées de maisons coquettes, avec leurs jardinets intacts où s'étaient tus, et le son de la voix humaine, et le chant des oiseaux ; ni le témoignage des survivants et sauveteurs qui, tous, racontaient le ramassage des morts dont certains étaient décapités et dépiécés, d'autres carbonisés, d'autres le corps percé de balles et les mains déchiquetées comme s'ils s'étaient battus jusqu'au dernier instant ; ni, enfin, le hangar aux légumes où l'on avait entreposé des morceaux de corps non attribués que l'on venait de ramasser – petit entassement, chairs indistinctes et entrevues, odeur épaisse.

Puis, j'ai rencontré des familles d'otages. Elles me rappelaient les parents du soldat Shalit que j'étais venu voir, quinze ans plus tôt, dans une maison semblable. Je revoyais les parents de Daniel Pearl rencontrés à Encino, Californie, aux premiers jours de l'enquête où j'allais remettre mes pas dans ceux du jeune journaliste juif kidnappé, tenter de reconstituer l'emploi de ses derniers jours et m'approcher au plus près des djihadistes d'Al-Qaïda qui l'avaient, à la fin, décapité. Chez tous, le même désarroi. Chez tous, la même sidération et la même difficulté, pour les mots, à trouver leur chemin. Et chez tous, quand les mots finissaient par venir, les mêmes phrases : nous, les survivants… de nouveau les survivants… sommes prêts à tout donner, tout, jusqu'à notre vie, pour que revienne un enfant kidnappé sans ses biberons, une sœur dont on a entrevu, sur les réseaux, le corps à demi nu, ensanglanté, jeté, comme un paquet, à l'arrière d'un pick-up ou une grand-mère à qui les ravisseurs n'ont pas laissé le temps de dire au revoir à quiconque…

Et puis encore d'autres survivants, ceux de la rave party ou ceux, toujours, de Be'eri, mais évacués à Tel Aviv et me racontant les barbares surgis de nulle part ; leur sauvagerie hors d'haleine et taciturne ; les galopades ; les mitraillages ; les motos lancées à toute allure et sur lesquelles ils arrivaient à deux, parfois trois, les jambes du troisième, à l'arrière, ruant dans le vide ; les visages gris dont on ne distinguait qu'au dernier moment, dans la pénombre de la chambre, les yeux luisant de haine ; le côté à la fois chaotique et bien réglé de tout cela, fulgurant et très long ; les pleurs des bébés ; les cris incrédules des enfants et leurs yeux grandis par l'effroi ; les agonisants qui rampent jusqu'à leur portable pour envoyer un dernier message ; le portable qui n'a plus de batterie ; une balle dans la tête, la dernière, pour la peine ; on aurait dit des *Einsatzgruppen* ; jamais, depuis la Shoah par balles, l'on n'avait vu des Juifs massacrés ainsi, à bout portant, juste parce qu'ils étaient juifs ; et, en même temps, non ; il fallait prendre garde et, moi, faire taire, dans ma tête, le défilé des réminiscences et des images ; toute ressemblance avec une situation antérieure était sans signification car on était face, là, à une situation parfaitement singulière.

Nous sommes au lendemain du 7 octobre.

Je n'ai l'esprit, à l'époque, qu'à la guerre contre l'Ukraine.

Elle occupe tout mon temps, aimante toutes mes pensées, mobilise toutes mes énergies depuis bientôt deux ans.

Mais je comprends, à cet instant, le cœur glacé, que vient de se produire un événement dont la déflagration, le choc, l'effet de souffle, ne ressemblent à rien de connu et vont changer le cours de nos vies.

Tous les événements ne sont pas des événements.

Tous n'ont pas la puissance historiale, époquale, instauratrice d'une ère, de ce que le philosophe allemand Reiner Schürmann appelle un Evénement.

Le pogrom du 7 octobre 2023 en fut un – voici pourquoi.

2.

Événement

Un Evénement, dit en substance Schürmann, ce philosophe trop méconnu dont la pensée trouve son origine dans l'ombre des mauvaises fées de l'Allemagne nazie et dans celle, en particulier, d'un dialogue avec Heidegger, a pour premier trait d'être inédit dans sa forme.

A l'âge de ce « spectaculaire intégré » dont Guy Debord montrait, il y a longtemps déjà, qu'il est le régime nouveau d'une époque qui dure jusqu'aujourd'hui, il obéit à un scénario qui semble écrit pour lui.

A l'heure de ce situationnisme appliqué qu'a résumé Andy Warhol en affirmant que le rêve d'un homme, même barbare, est d'être l'auteur de la performance qui le rendra célèbre, quinze minutes, ou cinq, il ne répète pas pour la énième fois le même énième attentat suicide, la même énième pluie de roquettes ou la même attaque simultanée des mêmes armées arabes coalisées.

Exemple d'événement : des terroristes aux commandes d'avions jetés sur les tours jumelles du World Trade Center, symboles de puissance et de liberté, et faisant 2 753 morts en même temps qu'ils prennent en otage des centaines de millions d'hommes qui avaient, à travers les siècles, noblement habité l'aventure musulmane.

Autre exemple : deux faux journalistes, armés d'une caméra piégée, tuant, dans le Panshir, le légendaire commandant Massoud, incarnation de l'islam éclairé.

Un autre : la deuxième armée du monde brisant en quelques heures, le 24 février 2022, dès lors qu'elle marchait sur Kyiv, toutes les règles écrites et non écrites sur lesquelles s'était fondé, depuis la défaite du nazisme, l'ordre international.

Eh bien c'est le cas du 7 octobre, ce carnage doublé d'une prise d'otages dont l'ampleur, la sauvagerie et le déroulement n'avaient pas non plus de précédent.

Israël a vécu d'autres prises d'otages : celle des athlètes du village olympique de Munich en septembre 1972 ; celle d'Entebbe un peu après ; ou l'irruption, bien plus tard, par les tunnels, sur son propre territoire, d'un commando palestinien venant capturer, dans son char, le soldat Gilad Shalit.

Israël savait ce qu'était un lynchage : ces deux étudiants d'une yeshiva de Jérusalem venus, en 2015, honorer le tombeau de Joseph à Naplouse et soustraits, in extremis, par des policiers palestiniens à une foule en furie – ou les deux réservistes de Tsahal, Yosef Avrahami et Vadim Norzhich, battus à mort, en octobre 2000, puis défenestrés, carbonisés, leur dépouille traînée dans les rues de Ramallah comme celle du sergent Cleveland dans les derniers jours de la bataille de Mogadiscio.

Mais les deux à la fois et sur pareille échelle, ce lynchage puissance mille et cette prise d'otages sans exemple depuis l'enlèvement des Sabines par les Romains de Romulus, cette attaque à moto, au bulldozer, sur des pick-up et des parapentes, le tout par surprise et diffusé en temps réel sur des réseaux sociaux où l'on exultait d'avoir saigné des Juifs comme des moutons – cela ne s'était jamais produit.

L'apparition d'un Evénement, ensuite, est imprévisible.

Nul ne le voit arriver, fût-ce sur des pas de colombe.

Il est l'équivalent de ces « cygnes noirs » dont les économistes expliquent qu'aucune donnée, aucune courbe, aucun calcul de probabilités ou de méta-probabilités, ne les laissent présager.

Et ce sont des événements qui, même après coup, lorsque le scénario s'est dévoilé, que le film s'est déroulé et que l'on en connaît les ultimes retournements, continuent de sembler impensables, incalculables.

On savait à peu près tout du nazisme. On avait lu *Mein Kampf*. On avait entendu Hitler. Mais rares étaient ceux qui comprenaient ce qu'il voulait dire quand il se comparait à Siegfried réveillant sa Valkyrie prisonnière des ténébreux Nibelungen. Rares ceux qui, ayant écouté les représentants des réseaux de résistance polonais faire état, dès 1942, de dizaines de milliers de Juifs acheminés à Auschwitz « dans le seul but de leur extermination immédiate dans les chambres à gaz », trouvaient mieux à répondre que Felix Frankfurter, juge à la Cour suprême des Etats-Unis, recevant Jan Karski : je ne pense pas que vous « mentiez » mais « je ne peux pas vous croire ». Et, aujourd'hui encore, alors que l'on a le sentiment de tout savoir de cette extermination et de sa mécanique industrielle, il reste au cœur de l'histoire, comme n'ont cessé de le répéter Primo Levi, Imre Kertész ou Elie Wiesel, une impénétrable part d'ombre.

On savait tout de la négation par Poutine de l'identité ukrainienne. Il suffisait d'écouter ses discours, depuis des années, au club Valdaï, pour ne rien ignorer de sa haine obsessionnelle de l'Occident, du ressentiment qu'il nourrissait à l'endroit de la vaillante Ukraine et de la ressemblance de sa *grande Russie*, trait pour trait, avec le *Lebensraum* hitlérien. Et il suffisait d'ouvrir les yeux pour voir que le Kremlin était en train de masser, en un mouvement de troupes inédit depuis l'implosion de l'URSS, 190 000 combattants, sur le pied de guerre, à la frontière ukrainienne. De là à conclure qu'il allait passer à l'acte et se lancer dans cette aventure insensée, il y avait un saut auquel renâclait l'imagination et auquel se dérobèrent la plupart des agences de renseignement. Et, deux ans plus tard encore, l'on a beau savoir que tout est advenu, j'ai beau remonter en pensée jusqu'à tel débat, à Amsterdam, le 20 septembre 2019, avec Alexandre Douguine, l'idéologue en civil de Poutine, qui débita, face à moi, l'entier catalogue des insanités racistes, antisémites, pro-islamistes qui sont le fond de sauce de l'idéologie eurasiatique, il y a, dans la décision prise, le 24 février 2022, de lancer cette « opération », quelque chose d'énigmatique et qui résiste à l'intelligence.

Eh bien il en va de même pour cette foudroyante et longue curée lancée, le 7 octobre, par les escadrons de la mort du Hamas.

On s'est beaucoup demandé comment le Mossad a pu se laisser ainsi berner et ne rien voir venir de ce qui allait être la pire tuerie de Juifs depuis la Shoah.

La réalité, c'est qu'il a peut-être vu.

Et la vérité, c'est que tous les services secrets du monde avaient la possibilité de voir et de savoir.

Il existe une analyse de la BBC, datée du 29 novembre 2023, qui raconte comment les terroristes ont, dès 2020, dans neuf endroits différents de la bande de Gaza, distants de quelques centaines de mètres de la barrière de sécurité, procédé à des entraînements.

Tantôt, on répétait une attaque de roquettes et l'arraisonnement d'un char factice arborant un drapeau israélien.

Tantôt, on simulait, et décrivait sur une chaîne Telegram dédiée, la « libération » des kibboutz de Be'eri et Kfar Aza.

Une autre fois, c'était l'attaque d'une base militaire dont les fantassins de Tsahal retrouveront, enterrée dix mètres sous terre, à huit cents mètres de la frontière, une maquette quasi grandeur nature.

Une autre fois, ce fut un exercice de localisation par des drones aussitôt repérés par des soldates d'une unité de protection des frontières de Tsahal qui alertèrent leur hiérarchie et déclenchèrent, en avril 2023, un bombardement de représailles.

Et il y eut, le 12 septembre encore, soit 25 jours avant le jour fatidique, une ultime répétition, visible, elle aussi, sur une chaîne Telegram, où des terroristes se filmèrent prenant d'assaut de faux bâtiments, débarquant sur une plage fictive et investissant des maisons qui répliquaient celles des kibboutz martyrs du 7 octobre.

Mais, en même temps que l'on voyait cela, l'on voyait Yahya Sinwar, chef militaire du Hamas et organisateur du carnage, gérer Gaza.

On le voyait négocier avec les Israéliens, au jour le jour, l'allègement du blocus interdisant l'entrée des matériaux pouvant servir à la fabrication d'armes ou à la construction de tunnels.

Il recevait avec docilité, chaque mois, des mains de l'ambassadeur du Qatar, les millions de dollars nécessaires au paiement de ses fonctionnaires.

Il laissait se construire des plages (car il y avait des plages à Gaza – notamment grâce au travail d'EcoPeace, organisation créée par des écologistes israéliens, jordaniens et palestiniens experts dans le nettoyage des eaux de mer).

Il encourageait la construction d'hôtels de luxe (car il y avait des hôtels de luxe à Gaza – à commencer par l'hôtel Al-Mashtal, lancé par le groupe Mövenpick).

Il tolérait que prospèrent, et chacun s'en réjouissait, des universités, des restaurants, des centres d'équitation, des villas, dont les réseaux sociaux gazaouis n'ont jamais fait mystère.

Sinwar semblait assagi.

Ce criminel, condamné quatre fois par Israël à la prison à perpétuité mais libéré, en 2011, dans le cadre de l'échange permettant le retour du soldat Shalit, passait pour pragmatique et modéré.

On le vit même pousser l'esprit de sérieux jusqu'à faire de Gaza, pendant le Covid, un modèle d'hygiénisme sanitaire avec couvre-feu à 18 h 30 et quarantaine de trois semaines pour les visiteurs étrangers.

Il donnait des conférences de presse.

Il recevait des journalistes européens.

Et, en mai 2021 encore, après deux semaines d'une de ces guerres qu'il infligeait, comme par routine, à Israël, au premier jour d'un cessez-le-feu qu'il avait sagement négocié, il s'offrit même le luxe d'une déambulation à pied, donc à découvert, dans les ruines d'un quartier de Gaza City où il multiplia les selfies sur l'air du djihadiste rangé qui n'a rien à redouter de Tsahal car Tsahal sait qu'il est devenu un interlocuteur raisonnable.

Tout cela fait que l'on a vu sans voir et sans croire ce que l'on voyait.

Personne, ou presque personne, n'a supposé que le même homme préparait, au même moment, l'attaque la plus sophistiquée de l'histoire d'Israël.

Et le fait même que ces préparatifs aient lieu ainsi, presque à ciel ouvert, faisait que nos imaginations paresseuses et envasées dans leurs idées toutes faites les mettaient au compte de l'entretien des troupes et de leur moral – mais peu, très peu, sentaient le vent mauvais, fatal, qui se levait.

Inutile, pour expliquer cette incroyable défaillance, de sortir l'artillerie lourde du complotisme (un gouvernement diabolique laissant sciemment venir dans l'espoir d'en finir, une fois pour toutes, avec un ennemi juré).

Ni de s'aventurer dans la périlleuse recherche du coupable, c'est-à-dire du bouc émissaire, à qui l'on fera porter, le moment venu, l'entière responsabilité du désastre (la légende urbaine mondiale qui rend Israël complice d'un Hamas dont il aurait sciemment laissé croître l'influence).

La vérité est plus simple et, en même temps, plus terrifiante.

C'est l'éternelle bévue des démocraties qui, confrontées à l'impensable de la barbarie, savent mais ne croient pas, ont les données mais ne concluent pas.

C'est la logique de la lettre volée d'Edgar Poe où la lettre est là, à peine froissée, sur la table, mais la chose y est si clairement dite et annoncée que l'on passe à côté.

C'est le paradoxe, théorisé par mes maîtres structuralistes, d'une époque qui se définit moins par ce qu'elle voit que par ce que la structure de ses savoirs, et le régime de ses attentes, lui rendent invisible.

Et c'est le deuxième trait de ces événements en train d'inverser les cadrans de l'Histoire : ils sont si éloignés de notre optique habituelle qu'on ne les voit pas se profiler ; ils sont si étrangers à ce qu'un entendement peut concevoir qu'on les dirait écrits dans une langue inconnue ; ils sont aberrants et prodigieux ; irréductibles, fût-ce après coup, à leur contexte ; un philosophe dirait qu'ils sont l'un des noms de l'impossible ou que, s'ils ne sont évidemment pas sans cause, ils sont en excès de toute cause ou qu'il y a plus de substance, en tout cas, dans leur effet que dans leur cause – et qu'ils ont, pour cela, une force noire et qui dure.

D'où leur dernière propriété, sans doute la plus importante.

Parce qu'ils sont une déchirure, non dans le rideau du Temple, comme le disent les Evangiles, à l'autre bout d'une Nativité pendant laquelle j'écris ces lignes, mais dans celui du Temps, parce qu'ils sont cette trouée, cette percée, parce qu'ils rompent le cours des jours et des choses, ils n'ont pas de passé, mais ils ont un futur ; ils sont sans genèse, mais ils ont une postérité ; et, s'ils sont illogiques, abusifs, monstrueux, si aucun principe de raison ne suffit à les expliquer et les produire, bref, s'ils ne sont pas tout à fait de ce monde, ils sont du monde qui vient, ils contribuent à l'engendrer et ils ont, comme le disait Jacques Lacan du racisme, *un avenir*.

Les tueurs du Hamas n'ont, eux, pas d'avenir.

Ceux d'entre eux qui auront échappé aux Israéliens lancés à leur poursuite et décidés à les atteindre partout où ils se trouveront, finiront, il faut l'espérer, devant une cour pénale internationale.

On peut feindre de l'ignorer comme font, au bout de leurs tunnels, les chefs des colonnes infernales du 7 octobre qui prétendent encore « négocier » ; on peut continuer de se répandre en communiqués infâmes où on reconnaît des « erreurs », *sic*, dans la gestion de l'événement ; on peut faire comme s'il pouvait y avoir une vie après tant de morts et afficher cet entêtement, cet endurcissement dans le cynisme qui permet encore de se pavaner sur la scène internationale ; on peut se nourrir des cendres de ses propres morts dans l'espoir de maintenir son emprise sur les vivants pris en otage et transformés en boucliers humains ; tout cela ne peut que valoir à ces hommes d'être hissés, si une telle chose existait, sur la plus haute marche du podium de l'infamie.

Mais l'événement du 7 octobre a, lui, un avenir car ces grands criminels, s'ils ne s'assiéront plus à quelque table de négociation que ce soit, ont, en revanche, renversé la table.

Ils ont fait tourner les tables d'une Histoire qui, démentant les hégéliens du dimanche, idolâtres d'une mondialisation où tout irait pour le mieux dans le meilleur des mondes et où une armée de petites mains œuvreraient, dans l'ombre, à la paix civile et internationale, s'est remise en mouvement.

Ce n'est plus la grande Histoire, bien sûr.

Et, à la Raison dans l'Histoire hégélienne, succède une déraison qui ne prend plus la peine de se justifier elle-même.

Mais ces hommes sombres n'en ont pas moins reparamétré, ou contribué à reparamétrer, la cartographie, le décor et, au fond, le réel où nous aurons désormais à vivre.

Et ils l'ont fait en produisant trois ébranlements dont chacun appréciera s'il s'agit de séismes engendrant des configurations inédites – ou, si ce fut, surgissant d'une trappe de sol dont on aurait levé le battant dans un nuage, non de poussière, mais de sang, la révélation, à la chaleur de l'Evénement, d'une colonie de germes qui étaient déjà là, dans les douves, non seulement de Gaza, mais du monde.

3.

Le bain d'Amalek

Le premier de ces ébranlements vise l'âme juive – et la touche au cœur.

Ce n'est pas la première fois qu'Israël est contraint à la guerre.

Ni la première fois qu'il est attaqué sur tant de fronts – Gaza, le Hezbollah, les groupes djihadistes de Cisjordanie, l'Iran, bientôt les Houthis du Yémen, la Syrie, les milices chiites d'Irak.

Mais est-ce l'effet de stupeur créé par le scénario nouveau ?

Le nombre des morts ?

Celui des otages dont la cause, en Israël, est sacrée ?

Est-ce le sentiment d'être pris au piège de deux injonctions qui, pour la première fois dans l'histoire juive, semblent tragiquement contradictoires : éliminer le Hamas *et* libérer les otages ; traquer les combattants dans leur dédale de tunnels *et* aller chercher les enfants, les femmes, les hommes que les maîtres chanteurs tiennent en joue, voient comme une monnaie d'échange et n'hésiteront pas à exécuter quand le commando israélien sera en approche et que la monnaie, sur le marché de la vie et de la mort, ne vaudra soudain plus rien ; bref, suivre le commandement de Maïmonide qui, dans son *Mishné Torah*, fait du « rachat des captifs » la première des *mitzvot*, la plus sainte des prescriptions, une mission à laquelle l'on ne peut se dérober sans transgresser « sept commandements » de la Torah *et* désarmer une organisation terroriste dont ces captifs sont l'arme absolue ?

Est-ce la rave party Nova et ses 364 adolescents venus faire la fête, à Reïm, et tirés comme des lapins ?

Ou la cuirasse d'invulnérabilité de l'Etat des Juifs qui s'est brusquement fracturée ?

Pour Israël, ce fut un moment de vertige.

Et, pour les Juifs du reste du monde, ce fut une plongée dans un abîme inconnu.

Les Juifs de France avaient connu le supplice d'Ilan Halimi.

Ils avaient vu le déni de justice qu'avait eu à subir, post mortem, son homonyme Sarah Halimi.

La tuerie de Toulouse en 2012, celle de l'Hyper Cacher de la porte de Vincennes, à Paris, en 2015, la mort, en 2018, poignardée à son domicile, de Mireille Knoll, rescapée de la Shoah, avaient révélé cette évidence inconnue des années trente elles-mêmes : la France des droits de l'homme et de Voltaire redevenait un pays où l'on pouvait mourir d'être juif.

Les porteurs de kippa, à Marseille, Créteil, Avignon, Marseille, sortaient la peur au ventre.

Des journalistes ou intellectuels de confession, tradition ou affirmation juive vivaient sous protection policière.

La plupart tenaient bon. Ils savaient qu'ils avaient fait la France et qu'il n'était pas question de la laisser se défaire en désertant. Ils disaient, haut et fort, que terrible serait la débâcle morale qui céderait le pays de Chrétien de Troyes et de Rachi, de Racine et de Proust, à des illettrés qui ne s'en prenaient à eux que parce qu'ils étaient la fleur de la France. Mais ils résistaient d'autant mieux qu'ils gardaient, dans un coin de la tête, ceci : l'idée d'un Israël de cocagne qui, avec ses déserts ouvragés et transformés en orangeraies, sa pierre blanche ourlée d'un soleil implacable et clément, son hyper-démocratie sans Constitution mais vivante, son armée invulnérable et, jusque-là, invaincue, leur était une assurance contre le pire.

Or voici que l'assurance se dégrade.

Voici que le refuge devient piège et que le lieu symbole du « plus jamais ça » est celui où « ça » revient comme une foudre.

Et voici que le cauchemar européen d'Emmanuel Levinas, la perspective, évoquée dans *Noms propres*, de voir « un vent glacial » traverser les pièces des maisons des Juifs de Paris et de Berlin, « arracher les tentures et tapisseries » accumulées au fil des générations et balayer toutes les « pauvres splendeurs » de leurs vies devenues comme des « oripeaux » dont vont s'emparer, dans des « hululements » horribles, « d'impitoyables foules », voici que cette vision d'épouvante devient possible en terre d'Israël et va, depuis Israël, comme si elle y avait trouvé un souffle et un élan nouveaux, revenir en Europe, aux Etats-Unis, partout.

Je ne crus pas, pour ma part, qu'Israël fût menacé d'anéantissement.

Et j'observe la relative modération avec laquelle les Etats arabes, signataires des accords d'Abraham et soucieux de leurs intérêts géostratégiques à long terme, réagissent à tout cela.

Mais il y a la géopolitique et il y a l'autre géographie, celle des songes, des peurs et des imaginaires.

Et, dans cet autre espace, dans cet ordre géosymbolique qui ne détermine pas moins la façon qu'ont les hommes de se tenir en ce monde, le bilan est sans appel.

Le 7 octobre marque l'alignement, pour le pire, d'Israël sur la diaspora.

Ce sont les deux voies du judaïsme qui sont mises au même régime et se croisent.

Et c'est cette force juive, matérielle et spirituelle, dont je montrais dans *L'Esprit du judaïsme* combien elle est essentielle à la survie des Juifs réels, qui laisse paraître sa faiblesse secrète.

Pas un lieu en ce monde où les Juifs soient saufs, voilà le message.

Pas une terre, sur cette planète, qui soit un abri pour les Juifs, voilà ce qu'énonce l'événement.

Jamais, nulle part, il ne sera dit que les Juifs peuvent habiter paisiblement le monde, et ce jusqu'à la fin des temps, telle est la vérité qui semble sauter aux yeux.

C'est Amalek qui revient.

C'est le plus ancien ennemi du peuple juif, celui qui s'est déclaré aussitôt après la sortie d'Egypte, avant même le Sinaï, qui sort des limbes, s'ébroue et tambourine aux portes et aux oreilles.

C'est ce négationniste radical qui, d'avatar en avatar, depuis le temps d'Haman, vizir de Suse, a nourri le même projet d'une « solution finale » dont le dernier visage avait été Hitler ; c'est ce personnage terrifiant qui n'a pas d'autre attribut et volonté que la haine originaire, radicale, éternelle qu'il porte aux Juifs ; c'est cet Amalek dont le seul nom fait, depuis qu'il y a des Juifs, trembler de tout leur long les Juifs pieux du monde et quelques autres ; c'est lui, Amalek, qui se rappelle à notre souvenir et vient nous signifier qu'il nous accompagnera toujours, jusqu'au bout, comme un mauvais destin.

Amalek, lui aussi, savait qu'il perdrait la guerre.

Il n'ignorait pas qu'en plongeant « dans la baignoire brûlante » du peuple juif, il s'y ébouillanterait.

Et il était, en ce sens, le patron des hommes-suicide du Hamas se jetant sur les parois brûlantes de la forteresse d'Israël en étant bien conscients qu'ils allaient y rester.

Mais il savait que, ce faisant, il refroidissait l'eau du bain et ternissait l'image, le prestige et l'éclat d'Israël.

Nous en sommes là, songent les Juifs du 7 octobre.

Nous en sommes très exactement à ce point où le vierge, le bel, le vivace Israël voit se refroidir et obscurcir sa splendeur.

Et, que nous soyons laïcs ou mystiques, agnostiques ou observants, que nous soyons andalous, yiddishisants ou juifs tendance Crémieux, nous nous retrouvons tous jetés dans une situation qui fut celle de nos aïeux et à laquelle nous pensions avoir échappé.

4.

Le mal, quand il est radical

Le deuxième ébranlement fut celui de la conscience universelle.

Il n'y a pas de question plus obsédante, pour l'humanité moderne, que celle du mal que l'homme peut faire à l'homme.

Il n'en est pas non plus qu'elle ait, en Occident, chassée avec plus de méthode du champ de ses préoccupations.

Ce fut l'œuvre des religions enseignant que le Mal sera racheté et qu'il ne faut pas s'arrêter à l'idée que le monde n'est qu'une vallée de larmes.

Ce fut l'œuvre de la philosophie dont l'histoire peut se lire comme un effort pour trouver la juste perspective depuis laquelle, quand on parvient à s'y placer, le mal semble un simulacre (Platon), une illusion d'optique (Descartes), la courte vue d'une monade fermée à la contemplation du

Tout (Leibniz), un moment d'une dialectique travaillant à la transfiguration du tas de petites misères dont nous nous faisons toute une histoire (Hegel).

Et puis vinrent les modernes qui, pourtant instruits par les deux guerres mondiales venues en rafale, rivalisèrent d'ardeur pour nous convaincre, eux aussi, que le Mal était chose passée : les uns, anciens combattants de la Première Guerre, inventèrent la fiction d'un socialisme venant à bout des contradictions qui généraient le malheur des hommes ; les autres, survivants de la Deuxième, crurent en un lendemain heureux où l'on tirerait les leçons de la catastrophe qui avait failli emporter l'Europe et le monde ; d'autres appelèrent Fin de l'Histoire un monde bonasse et apaisé où le capitalisme mondialisé permettrait à chacun d'ajuster ses désirs et besoins à ceux de son prochain ; jusqu'à cette séquence demeurée stupéfiante où, au terme de la transformation du mal en maladie et de la politique en clinique que je dénonce depuis *La Barbarie à visage humain*, les heureux du monde convainquirent les damnés de se calfeutrer *tous ensemble* face à un virus décrété ennemi commun et ramenant au second plan le mal que l'homme fait à l'homme.

Alors, bien sûr, il n'en était rien.

Et je n'ai jamais, pour ma part, avalé cette fadaise.

Mais quand, du Bangladesh au Darfour en passant par le Rwanda, de nouveaux génocides démentaient la fable du « plus jamais ça », on se disait que c'était loin et ne nous concernait pas.

Quand, en Angola, au Burundi, en Somalie, en Afghanistan, dans toutes les « guerres oubliées » dont j'ai passé une partie de ma vie à recueillir les maigres archives, le crime régnait en maître et plongeait l'humanité dans le « purin de feu » dépeint par René Char, poète de « L'Eclair » et Capitaine Alexandre des maquis, l'hégélianisme vulgaire qui servait de bréviaire à notre époque répondait : cela reste périphérique, épiphénoménal, provinces d'un empire achevant sa mise en ordre et tolérant, sur ses marges, de vagues convulsions…

Et quand la terre brûlait en Bosnie ou en Algérie, quand, en 2014, la Russie lançait puis, en 2022, accélérait son invasion de l'Ukraine et y mettait le feu, il se trouvait toujours d'habiles dialecticiens pour entrer dans les voies des pyromanes et voir dans ces arythmies les dernières fausses notes d'un concert des nations qui se cherche.

Vint le 7 octobre.

Peut-être est-ce le fait qu'il s'agissait d'Israël, ce pays pas comme les autres où rien de ce qui advient n'est, depuis la sortie d'Egypte, pour le pire et, parfois, le meilleur, indifférent au reste des nations.

Peut-être est-ce le fait que, les islamistes ayant contracté l'habitude inédite, à Raqqa et Mossoul, de filmer leurs forfaits, on les vit, sur les réseaux sociaux, fiers de ces têtes tranchées, de ces mères embrochées, de ces pères suppliciés.

Peut-être est-ce, à l'inverse, la pudeur si profondément juive qui, en écho à l'interdit sinaïtique d'idolâtrer ou imager l'inimaginable, empêcha les Israéliens de diffuser ces vidéos et donna, paradoxalement, une netteté plus grande aux images cachées.

Peut-être est-ce le courage des survivants qui, pour citer la dernière phrase du *Château d'Argol*, ont senti « l'éclair glacé d'un couteau couler entre leurs épaules comme une poignée de neige » et ont, soit par chance, soit par un miracle de vaillance, échappé à l'hécatombe et racontèrent tout, tout de suite, à celles et ceux qui firent le voyage : on ne les écouta certes pas longtemps ; mais, dans l'étroite fenêtre que leur laissa le Spectacle mondial, ils livrèrent des récits poignants qui se frayèrent leur chemin, un instant, dans les esprits.

Il y eut la presse, toute la presse, y compris la moins encline à la sympathie envers Israël, à qui la sidération donna du talent et qui, avant de se reprendre et de s'employer à relativiser, amoindrir et, si possible, effacer l'événement, envoya ses meilleurs limiers recueillir et documenter ces horreurs – je pense, en particulier, à cette longue enquête du *New York Times* décrivant une femme tirée d'une camionnette comme une bête de boucherie et violée par cinq hommes avant d'être achevée au couteau ; une autre à qui l'on a, par jeu, après l'avoir violée, planté des dizaines de clous dans l'aine et les cuisses ; deux autres, achevées d'une balle dans le vagin ; une autre encore dont un homme découpait les seins au cutter pendant qu'un autre la pénétrait ; et une autre – je cite toujours le *New York Times* – dont on incisa le visage avant de la décapiter.

Il y eut le nombre des enfants morts, 36, et le scandale absolu qu'est partout, à Kfar Aza comme à Gaza, la souffrance des enfants innocents.

Il y eut, parmi ces enfants, les deux bébés, l'une mitraillée, Mila Cohen, l'autre kidnappé,

Kfir Bibas : ces enfants qui ne parlent pas… ces humains qui ne sont humains que par leur chair et qui le sont, pour cela, peut-être plus encore que les hommes faits… ces créatures nues, pures de la violence, du mépris, de la bêtise, de l'orgueil, de la vanité, de la traîtrise, de la mesquinerie, des autres humains… ces créatures qui sont pure pureté, pure innocence, page blanche qui attend de la vie qu'elle l'écrive… ces êtres dont il m'arrive de penser que le respect qu'on leur voue encore est l'une des rares choses qui demeurent, dans la nouvelle foule des hommes, du souvenir d'un Dieu dont on a fait une pure figure de l'esprit… n'étaient-ils pas la preuve infalsifiable, ces bébés, de l'insoutenable cruauté du Hamas ?

Toujours est-il que ce que l'on n'avait pas voulu voir en Algérie à l'époque où des émirs de circonstance tronçonnaient les bébés en rondelles et où nous étions bien seuls, avec André Glucksmann, à hurler notre rage, ce que l'on avait refusé de voir en Syrie où un dictateur ordonnait que ses opposants soient dissous dans des bains d'acide, que leurs femmes soient violées devant leurs parents et que leurs enfants, à la Ghouta, soient visés par des gaz interdits, ce que j'avais filmé au Nigeria où les miliciens de Boko Haram et leurs auxiliaires Fulani découpaient les chrétiens, comme au Rwanda, à la machette, tout cela, nous l'avions sous les yeux ; tous les masques plus ou moins bariolés dont s'affublent, d'habitude, les assassins tombaient aux pieds de ces « libérateurs » téléphonant à leur famille, une bouillie sanguinolente à bout de bras ou à leurs pieds : « maman ! j'ai dépecé deux Juifs ! trois ! et ce n'est pas fini ! sois fière de moi ! » ; et toutes les stratégies d'évitement et d'endiguement, toutes les ruses de la conscience, toute la rhétorique conjuratoire que nous avions déployée depuis vingt, cinquante, quatre-vingts ans, ou davantage, étaient pulvérisées par l'événement.

Le mal était là.

Le mal pur, à visage découvert, gratuit, insensé.

Le mal pour rien et sans raison, le mal à vif et sans décor.

Le mal qui n'a plus ni le pouvoir pour moteur, ni la souffrance pour mémoire, ni l'espace vital ou la volonté de guérir pour obsession, le mal qui n'a plus rien à voir avec une guerre entre ethnies, nations ou idéologies.

Le mal, le vrai, celui des rails vides d'Auschwitz, des rizières repeuplées de Kandal Stueng et des marches de la mort, pour les Arméniens, dans le désert de Deir ez-Zor.

La Bête, celle des débuts, telle qu'elle apparut au premier jour ou, pour le dire dans la langue des Juifs, au crépuscule du sixième jour, quelques heures avant l'introduction de l'homme au jardin d'Eden.

Le Serpent tel qu'en lui-même le temps ne l'a pas changé et dont nous comprenions qu'il était resté tapi dans les fibres de l'humain.

Le mal immédiat sans médiation, tautologique ; le mal animé par nulle autre passion que la passion de soi ; le mal, en un mot, de la dévoration de l'homme par l'homme.

Ce n'est plus l'âme juive, ou israélienne, qui était ici meurtrie : c'est la conscience de tous.

Ce n'était plus seulement un pogrom monstre renvoyant la mémoire juive quatre-vingts ans en arrière : une autre déchirure se produisait dans l'ordre des choses qui, bon an mal an, tenait le monde *juste* au-dessus de l'abîme moral que les atrocités n'avaient cessé d'ouvrir sous son socle.

Et, un instant, très court hélas, trop court, mais assez long, tout de même, pour s'inscrire, telle une date noire, dans le calendrier des hommes qui firent le serment de s'en souvenir, le monde a été saisi d'une angoisse brutale, ravageuse, abasourdie, face au spectacle de cette Bête déchaînée, et au mufle non fardé, que nous découvrions avide de chair juive et, donc, de chair humaine.

On pourra toujours, après cela, tenter de recouvrir la chose par du verbiage, de la mauvaise foi et des tweets à en crever.

On pourra, et on va s'empresser de le faire, se lancer dans une réécriture frénétique, méthodique, de l'ensemble de la séquence.

Tout le monde a vu, tout le monde a su, tout le monde a reconnu le paysage d'un enfer que ne baignaient plus que le sang, le feu et le fer.

Le mal était là, et il galopait sur le morceau de terre que le diable lui avait alloué.

Le mal était de retour, tonitruant, insatiable, dans un paysage dévasté où la lumière n'éclairait plus que le néant.

Le mal radical.

5.

L'empire du Hamas

Et puis, troisième ébranlement.

Un instant, un court instant, le monde vit autre chose qu'il ne voulait pas voir.

Et ce qu'il vit c'est une planète qui se figeait puis se remettait en mouvement, mais selon des paramètres nouveaux.

J'ai écrit un livre, en 2018, *L'Empire et les cinq Rois*, en référence à l'histoire biblique des cinq rois qu'Abraham combattit pour sauver son neveu Loth.

J'y décrivais un Empire – pour aller vite, l'Europe, son excroissance états-unienne et tous ceux qui, dans le reste du monde, ont foi dans les Lumières occidentales – en recul à peu près partout, dans les têtes comme dans les terres.

J'y montrais comment l'espace laissé vide par cette retraite offrait autant de brèches à cinq rois, cinq potentats, qui avaient pour point commun de régner sur des pays qui avaient été le cœur de puissants empires et aspiraient à le redevenir.

Et ma thèse était que ces cinq rois – la Russie, la Chine, la Turquie néo-ottomane, l'Iran des ayatollahs et les califes ou aspirants-califes du djihadisme – étaient prêts à jeter leurs anciennes rancunes à la rivière si tel était le prix à payer pour ressusciter la gloire de Pierre le Grand, des Qin et des Ming, des vizirs ottomans, des chahs de Perse ou des sultans omeyyades et abbassides.

Le livre avait été écrit à la lumière de la guerre contre Daech, du rôle qu'y avaient joué les Kurdes et puis, au moment de la bataille de Kirkouk (équivalent, à mes yeux, des batailles qui mirent fin, dans l'Antiquité, à l'hégémonie de Sparte, d'Athènes ou de la Macédoine), de la désinvolture avec laquelle leurs alliés occidentaux les avaient jetés après usage.

Sa thèse m'avait paru confirmée par la guerre contre l'Ukraine où l'on vit les mêmes cinq rejoints par une Corée du Nord ivre d'elle-même et à nouveau coalisés face à un Occident qui, tantôt, se ressaisissait et, tantôt, semblait un géant aux pieds de béton mais à la tête d'argile, mélange désarmant d'autorité et de retenue, d'extrême puissance et de pusillanimité.

Or voici que les Cinq poursuivent sur leur lancée, consolident leur alliance et nous soumettent à un nouveau défi – mais, cette fois, sur le front d'Israël.

Ce qui était vrai dans l'histoire kurde, puis ukrainienne, le devient avec le Hamas – mais à l'envers, et du côté obscur de la force.

Et c'est autour de lui, autour de ce minuscule Hamas, de ce Lilliput barbare auquel on aurait donné, la veille, le diable et le bon Dieu sans confession, que les planètes noires se réalignent et que le nouveau monde se recompose.

La différence avec l'époque de *L'Empire et les cinq Rois*, c'est que les Etats-Unis ne semblent plus le même empire titubant, hébété, prêt à abdiquer et jeter loin sa couronne.

Mais les royaumes révisionnistes, eux, sont là.

Et on les retrouve, tous les cinq, enflammés comme jamais et prêts à rentrer dans le jeu.

Cela apparut aussitôt pour les puissances sunnites alliées naturelles du Hamas : on dansa à Kaboul ; on hurla, à Islamabad, que Ben Laden était vengé ; et il ne vint à l'idée de personne, au Qatar, d'inquiéter Messieurs Ismaïl Haniyeh et consorts qui étaient, jusqu'à nouvel ordre, les chefs suprêmes du Hamas – tout au plus leur demanda-t-on, mais poliment, après des jours de palabres, de bien vouloir fermer leurs luxueuses villas et de partir prendre, en Algérie ou ailleurs, des vacances bien méritées.

Ce fut clair pour Erdogan, grand maître dans la confrérie des Frères musulmans dont le Hamas était l'avant-garde. Il ne perdit pas une minute, lui, pour lever les ambiguïtés qu'avait pu créer, au gré de ses intérêts gaziers, tel signe de rapprochement avec Tel Aviv. Il déclara, le 25 octobre, que « le Hamas n'est pas une organisation terroriste » mais « un groupe de moudjahidines qui défendent leurs terres ». On le vit, keffieh autour du cou, lors d'un rassemblement monstre sur l'ancien aéroport Atatürk, à Istanbul, où il dit au « monde entier » qu'Israël commet d'impardonnables « crimes de guerre ». Puis, le 27 décembre, à Ankara, ce grand humaniste dont on attend toujours, un siècle après, qu'il reconnaisse le génocide arménien et s'abstienne, au Haut-Karabakh, de le perpétuer, compara Netanyahu à Hitler et les camps de réfugiés palestiniens aux camps nazis. Et ni sa présence dans l'OTAN, ni le besoin économique qu'il a de l'Amérique ne le dissuadèrent, le 12 janvier 2024 encore, d'annoncer que son gouvernement disposait de « preuves solides » des activités « génocidaires » d'Israël et les fournirait sans délai à la Cour internationale de Justice en train d'examiner l'accusation portée par l'Afrique du Sud.

L'Iran commença par nier. Et peut-être en souvenir des beaux jours de ce grand œuvre que fut, pour le président Obama et son vice-président Biden, le deal nucléaire avec Téhéran, l'administration américaine feignit de confirmer, dans les premières heures, qu'il n'y avait pas de « preuve » de son implication « directe » dans l'assaut. Mais l'on sut vite, par l'agence de presse officielle iranienne, qu'une réunion avait eu lieu, le 14 octobre, à Doha, entre Ismaïl Haniyeh, pas encore parti pour l'Algérie, et le ministre des Affaires étrangères iranien, Hossein Amir Abdollahian. Puis, une autre, le 27 octobre, à Moscou, entre le vice-ministre iranien Ali Bagheri et une autre délégation, de moindre rang, de l'organisation terroriste. Puis une autre, à Téhéran, probablement début novembre, entre Ismaïl Haniyeh et le guide suprême en personne, l'ayatollah Khamenei. Et puis l'on apprit qu'il y en avait eu encore d'autres, plusieurs autres, dès août, dès septembre, donc avant l'événement, et que, selon des « sources haut placées du Hezbollah et du Hamas » citées par le *Wall Street Journal*, des représentants des Gardiens de la Révolution et, à deux reprises au moins, le ministre Abdollahian lui-même auraient, lors de ces rencontres, aidé à « mettre sur pied » l'opération, en auraient « affiné les détails » et auraient fini, le 2 octobre, à Beyrouth, par lui donner leur « feu vert ». A ceux qui doutaient toujours, c'est le ministre de la Culture, général à la retraite des Gardiens de la Révolution, Ezzatollah Zarghami, qui donna à l'histoire le sceau qui lui manquait : n'affirma-t-il pas, dans une interview diffusée par l'agence publique Mehr News, qu'il n'avait « peur de personne » et avouait bien volontiers que son pays avait livré au Hamas quantité de missiles balistiques Fadjr-3 du type de ceux qui avaient servi à frapper Israël ? S'ajoute, pour que le tableau soit complet, l'Iran hors l'Iran. C'est-à-dire les tirs du Hezbollah sur la frontière nord de l'Etat hébreu. Mais aussi l'entrée en scène, moins attendue, de deux autres satellites de Téhéran. Les milices chiites irakiennes multipliant les attaques contre les positions américaines au Kurdistan syrien et irakien. Et les Houthis du Yémen qui, équipés d'un arsenal, unique dans la région, de drones, missiles balistiques moyenne portée et missiles anti-navires, appuyés par un navire espion des Gardiens de la Révolution qui ne se cache guère pour guider leurs assauts, harcèlent, en mer Rouge, les bateaux qui, de près ou de loin, leur semblent entretenir un lien avec « l'entité sioniste ».

La Chine testait-elle, comme en Ukraine, la capacité de résistance de l'adversaire dans la grande confrontation à venir ? Prenait-elle la mesure du « piège de Thucydide », ce moment redoutable mais, pour elle, la Chine, béni où, selon l'historien grec de la guerre du Péloponnèse cité par l'Américain Graham Allison, la puissance déclinante (hier Sparte, aujourd'hui les Etats-Unis) commet l'erreur fatale de répondre par la force à la puissance montante (Athènes, puis la Chine) ? Risquait-elle de tomber, au contraire, dans le « piège d'Hérodote » que je nommai moi-même ainsi, dans *L'Empire et les cinq Rois*, en hommage au grand historien des guerres médiques racontant la victoire, au final, de la démocratie sur la tyrannie perse ? Songeait-elle à pousser les feux à Taïwan et entendait-elle vérifier, avant cela, si l'on allait voir s'élargir encore la plaie de l'Amérique et s'accélérer l'hémorragie de son influence ? Toujours est-il que Xi Jinping, comme en Ukraine, sort de sa réserve. Et le voilà qui, alors qu'il finit d'étouffer le Tibet et annihile ses musulmans ouïghours, s'abstient de condamner le Hamas, refuse de le qualifier d'organisation terroriste, laisse prospérer sur les télévisions publiques et sur Weibo des fake news du type « Les Juifs ne représentent que 3 % de la population américaine mais contrôlent 70 % de sa richesse » et prend la tête de la croisade anti-israélienne qui se prépare parmi les BRICS.

Mais le clou, ce fut Poutine. Il se trouva bien, çà et là, quelques idiots utiles pour nous resservir l'édifiante histoire du petit Vladimir, pauvre et perdu, élevé par une famille juive à laquelle il demeurait attaché et devait un reste de philosémitisme. Mais l'admirateur du tsar Nicolas Ier se souvint, lui, que la Russie, au temps de sa toute-puissance, a massacré des dizaines de millions de Russes, persécuté des centaines de milliers de Juifs et prévu, dans les derniers temps du stalinisme, de prendre sa juste part dans la « solution finale du problème juif ». Et, surtout, le kagébiste aux mille tours, le factieux couronné qui n'a jamais vécu que de complots, d'assassinats, de pions que l'on avance et de pions que l'on exécute, de pouvoir pris à coups de mitraillettes et de pots-de-vin, le Mad Max postmoderne qui a remplacé les motos de l'apocalypse par des chars et des missiles hypersoniques et qui aime à se faire bénir par des popes à Rolex qui portent le koukoulion comme Attila ses coiffes, est conscient du profit qu'il va tirer de cette nouvelle guerre en train de détourner l'attention du monde des crimes qu'il perpètre, lui, en Ukraine. Alors, il lâche la meute de ses soudards. Il permet à ses sbires de réveiller le vieil antisémitisme national et d'avertir les Israéliens d'origine russe qu'ils ne seront pas les bienvenus quand ils fuiront comme des poules mouillées, sous les bombes, leur fameuse « terre refuge ». Il laisse dire que les dirigeants du Hamas ont eu, à deux reprises, en septembre 2022 et mars 2023, des conversations avec Sergueï Lavrov dont le but affiché était « d'affaiblir l'Occident » ; puis qu'ils ont repris le chemin de Moscou pour y rencontrer des officiels iraniens ; et c'est en grande pompe, sur tapis rouge, alors que le Kremlin n'a toujours pas condamné le massacre, qu'on les reçoit, une nouvelle fois, au lendemain du 7 octobre.

Le cercle était presque parfait.

Et c'est bien le même tableau, mais en pire, que celui que l'on avait vu s'esquisser au temps de la guerre kurde, puis se dessiner avec la guerre contre l'Ukraine (qui, au demeurant, se poursuit de plus belle dans un monde où tout, soudain, se divise en deux : l'attention des opinions, la vigilance des chancelleries et jusqu'à l'aide militaire que certains, en attendant Trump, et profitant de la désorientation générale, voudraient purement et simplement annuler).

Dira-t-on que l'ébranlement, cette fois, n'en est pas un puisque c'est le même décor qui se précise ?

Et n'est-ce pas, pour le coup, les vieilles trappes et douves de l'Europe (et de l'Amérique) aux anciens parapets qui libèrent leurs éternels Norpois, leurs Munichois sans rivages et leurs poisons ?

Oui et non.

Car ce sont comme des plaques tectoniques qui frottaient, coulissaient, entraient en contact, se chevauchaient, décrochaient et trouvent, là, leur exact point d'emboîtement.

Et c'est, pour le « peintre des batailles » d'aujourd'hui, un panorama où tout, soudain, paraît en place.

Le Hamas n'est plus le Hamas, mais l'aimant, le glaive et le jouet d'un contre-Empire où s'assemblent les protagonistes des guerres précédentes.

Et Israël, réciproquement, est un peu plus qu'Israël et porte, même s'il ne le sait pas, la parole des dissidents et des Ouïghours chinois ; des blogueurs intrépides des autocraties arabo-musulmanes ; des militants de la cause arménienne qui n'en peuvent plus, à Istanbul, d'Erdogan et de ses contes de grand Turc ; des âmes fortes du Kurdistan ; des insurgées qui, en Iran, continuent de crier « femme, vie, liberté » ; des opposants que Poutine déporte, condamne à l'exil intérieur, assassine – et, peut-être malgré lui et sûrement malgré eux, des Palestiniens en révolte silencieuse contre la dictature hamassiste.

Rien à voir avec une guerre de l'Ouest contre l'Est.

Ni avec cette guerre de civilisations que certains, alignant déjà leurs légions, appellent de leurs vœux.

Ou alors, oui – mais c'est, contre la civilisation des tyrans ou, au moins, des démagogues dont les avocats se recrutent à l'Ouest non moins qu'à l'Est et au Sud, la belle Internationale des amis, dans les nouveaux et les anciens empires, de la liberté, du droit et de l'esprit de résistance.

Le Maharal de Prague, dans son *Netsah Israël*, dit que, par opposition aux royaumes et aux empires qui sont des étendues, Israël est un point, un simple point, mais quel point ! le point central et caché, le point secret et essentiel, sur lequel s'appuie, dans l'atroce dramaturgie de l'Histoire, une part de la survivance de l'humain.

Eh bien voilà.

Israël n'est pas un pion, mais un point.

Et il est le foyer à partir duquel s'émettent une lumière et une parole sans lesquelles quelque chose de l'humain se perdrait.

Solitude d'Israël, bien sûr.

Terrible solitude.

Mais, pour paraphraser Camus, il y a des femmes et des hommes, beaucoup de femmes et beaucoup d'hommes, qui seraient bien seuls sans ce solitaire et qui, plus ou moins secrètement, plus ou moins silencieusement, avec la quantité d'audace que leur autorise leur situation d'otages des cinq rois, prient, chaque soir et chaque matin, pour qu'Israël l'emporte dans sa guerre contre l'empire du Hamas.

DEUXIÈME PARTIE

Quand le négationnisme opère en temps réel…

1.

On efface bien les événements

Mais il y eut un second événement qui suivit de près le premier.

Il fut comme une réplique, une deuxième frappe, venant redoubler l'autre avec une violence sourde mais, elle aussi, dévastatrice.

Il consista, cet événement numéro 2, à désamorcer, refouler, tenter d'*oublier* la portée du premier.

Sur la réalité des faits, il n'y avait évidemment pas de doute.

Les assassins les avaient eux-mêmes documentés, une caméra GoPro fixée au front ou sur le guidon de leur moto.

Et, alors que Staline faisait tourner des moteurs de camions pour couvrir les cris des torturés de la Loubianka, alors que les nazis effaçaient les traces de l'extermination et que les déportés menés à la chambre à gaz croyaient, jusqu'au dernier instant, qu'il fallait se mettre bien en rang, plier dignement ses effets et marcher vers la douche, les terroristes ont assumé leurs crimes et les ont postés sur TikTok.

Or il se trouva, aussitôt, des mauvais esprits pour décider qu'ils n'avaient rien vu ou qu'ils ne croyaient pas ce qu'ils voyaient.

On assista à une nouvelle querelle des images où s'engouffrèrent tous les conspirationnistes de France, de Navarre et des Etats-Unis et qui me rappela le débat tardif, lancé par Jean-Luc Godard, sur l'absence d'images des chambres à gaz : « les images… oh ! les images… ça ne veut rien dire, de toute façon, les images… on leur fait dire ce qu'on veut, aux images… » – nous faillîmes, avec Claude Lanzmann et lui, en faire un film !

On s'appuya sur les quelques témoignages qui, livrés à chaud, dans le feu de l'émotion, s'avérèrent fragiles, hâtifs ou fautifs pour jeter la suspicion sur les autres, tous les autres, les récits des fusillades, des mutilations, des viols, et entonner l'air du : « rien… rien de rien… je n'ai rien vu à Be'eri… il ne s'est rien passé à Kfar

Aza… tout ça n'est que mensonge, intoxication, montage… ».

On vit une conseillère, chargée de la lutte contre les violences faites aux femmes, du ministre des Affaires étrangères britannique, David Cameron, s'associer à une pétition doutant des informations de l'article du *New York Times*. Des viols, interrogeait la pétition ? Nous n'en avons pas toujours les preuves et, quand nous les avons, rien ne dit qu'ils aient été commis par le Hamas et non par l'armée israélienne. La parole des femmes est sacrée ? La nouvelle norme, dans le climat instauré par la libération de la parole, est d'écouter d'abord la victime et de la confronter, ensuite, à son violeur présumé ? Oui. Mais pas si la femme est israélienne. Pas si elle fait partie des femmes de Kfar Aza, survivantes de la battue du 7 octobre et qui grelottent encore de peur, la voix fêlée, les yeux secs d'avoir trop pleuré, quand elles parviennent à témoigner. La parole des victimes, alors, disait la pétition, est un outil de « propagande » au service de l'« occupation », du « génocide » et de la « purification ethnique ».

On vit, en France, un jeune député de cette France Insoumise qui s'est fait un devoir, depuis toujours, de se soumettre à tous les tyrans qui lui passent sous le nez (Chavez ; Poutine ; Bachar al-Assad dont les crimes de guerre sont « des bavardages » ; l'Iran et sa « résistance » à « l'empire américain »...), enrichir le dispositif d'une variante particulièrement obscène en ironisant, à Tunis, devant un public goguenard et acquis, sur ces récits de crimes qui lui rappelaient en effet quelque chose : mais oui, s'exclama-t-il ! mais c'est bien sûr ! Sabra et Chatila... 1982... donc Israël !

Son chef, Jean-Luc Mélenchon, fut un peu plus prudent. Mais il ne fut pas moins pervers. S'abstenant, le 7 octobre, de condamner le Hamas. Refusant de parler de « terrorisme » pour caractériser les morts et les kidnappés. Et réservant ses flèches, trois jours plus tard, dans un accès de fureur lunaire, à ses ennemis jurés du CRIF qui, en manifestant dans les rues de Paris, s'alignaient sur le « gouvernement d'extrême droite israélien » et empêchaient « la solidarité des Français avec la volonté de paix ».

Le même récidiva dans les semaines suivantes, développa, s'enfiévra et le fit avec un empressement étrange qui me rappela l'époque où, jeune socialiste, il se mourait d'être mal-aimé par François Mitterrand, méprisé par des camarades mieux gradés que lui dans les ordres marxistes qui tenaient alors le haut du pavé et incapable, quoi qu'il fît, d'atteindre à la froideur spéculative qui lui semblait le fin du fin du chic politique : on le vit donc, ce radical de pacotille, ce vieux social-démocrate qui, pour parodier le mot de Gide, s'était mis révolutionnaire comme on se met grand coiffeur, ce Robespierre grimé en Tartarin et roulant de la dialectique comme on roule des mécaniques, qui, tantôt, plaidait pour des sanctions économiques contre Israël inspirées de l'« expérience des luttes » des « camarades sud-africains » ; tantôt pérorait avec une application de cancre que, la « caractérisation organisation terroriste » étant toujours « le résultat d'un rapport de force », il n'y a « pas de sens », dans ce « contexte », à qualifier le Hamas d'entité terroriste ; et, tantôt, pleurnichait qu'il se sentait (*sic*) « abandonné » par les Juifs.

Ses analogues américaines, les députées du *Squad*, L'Escadron, qui, elles aussi, se déclarent progressistes alors qu'elles ont dit, depuis longtemps, adieu à l'humanisme universaliste et aux Lumières, furent sur la même ligne et l'on vit une Rashida Tlaib, représentante du Michigan, dire son soutien à la « résistance palestinienne » et sa réprobation à l'AIPAC, ce CRIF états-unien devenu, à ses yeux, une menace pour la démocratie.

Et, quant aux 240 otages qui avaient vu leurs proches violés, décapités, éviscérés et que l'on a emmenés, comme du bétail, dans des tunnels humides de Khan Younès où ils furent, pour certains, humiliés, battus, nourris de rebuts ou affamés, drogués pour qu'ils se tiennent tranquilles, violés, on fit, très vite, comme s'ils n'existaient pas.

Sauf en Israël où l'entière société se retrouva, chaque samedi, dans un élan de solidarité semblable à celui qui l'avait rassemblée, avant la guerre, dans le refus de la réforme judiciaire de Netanyahu, on ne vit pas de murs de noms ou de visages permettant aux proches et aux moins proches de ne pas oublier, de rappeler leur existence aux gouvernants et de lutter contre le silence qui est, dans ces situations, le péril le plus grand.

Quand de simples citoyens en prenaient l'initiative, quand ils faisaient le geste de placarder, à Paris ou New York, près de chez eux, le visage d'un enfant détenu, un autre geste leur répondait, inédit dans l'histoire des militantismes de rue : non pas un placard différent, à côté du premier, s'y opposant ; pas même, comme dans les campagnes électorales, ce geste déjà violent qui fait recouvrir le placard honni par un placard concurrent ; non ; on arracha les visages ; ce fut une fièvre d'arrachages où l'on vit des pères tranquilles et de dignes dames lacérer, cutteriser, réduire en lambeaux et décoller les photos des enfants kidnappés ; et, quand des passants tentaient de les en empêcher, on les entendait grommeler, telle la Chinoise de Jean-Luc Godard encore, ou les tarentules de Zarathoustra clignant affreusement de l'œil : « j'me méfie, moi... j'me méfie... j'suis pas dupe... j'y crois pas... ».

Les ONG mandatées, en principe, pour porter assistance aux détenus, semblaient ne pas y croire non plus ; elles se contentaient, telle Amnesty International, de vagues communiqués, écrits en langue de bois et relégués au fond de leurs sites *corporate* ; et l'on ne sortait les grandes orgues des grandes indignations que pour dénoncer la riposte israélienne.

La Croix-Rouge montra la voie en ignorant les captifs, en dédaignant de leur rendre visite, en ne s'enquérant de leur sort que du bout des lèvres et en traitant avec une inutile fermeté une dame, suffocante de douleur, qui n'avait qu'elle, la Croix-Rouge, pour supplier que l'on trouvât un moyen, n'importe lequel, d'acheminer à sa vieille mère les médicaments sans lesquels elle pouvait mourir à tout moment : « madame, lui répondit-on sur un ton d'autorité qui eût été mieux venu dans une apostrophe aux geôliers, nous ne faisons pas cela ».

D'ailleurs non. Ce n'est pas exact. La Croix-Rouge finit par s'aviser de l'existence de ces hommes, femmes, enfants, emprisonnés dans les tunnels de l'enclave et parfois sous l'immeuble même où logeaient ses personnels. Mais il lui fallut pour cela 48 jours et la fameuse trêve qui, du 24 novembre au 1er décembre 2023, vit le Hamas souffler le chaud et le froid, lâcher ses proies au compte-gouttes, revenir sans cesse sur sa parole pour, à la dernière minute, retourner à l'accord et libérer 105 otages.

La Croix-Rouge, là, répondit présent.

Elle veilla au respect du troc où un Israélien valait trois Palestiniens et où on lâchait, en prime, gratis, une poignée de Thaïlandais.

Mais on ne savait pas à quoi jouaient ses représentants, quand ils sortaient de leur déontologique discrétion et apparaissaient face aux caméras :

escortaient-ils les otages dont ils avaient prétendu ne rien savoir ? ou s'émouvaient-ils des tortionnaires que l'on voyait prendre un adolescent par les épaules, aider une vieille dame à descendre le marchepied du pick-up et se présenter au monde sous un visage de bons garçons prévenants et polis qui redoutent « l'embrasement de la région » ? encore un peu et on les aurait pris pour les Gentils Organisateurs d'un camp de vacances en fin de saison…

Et il ne se trouva personne enfin, chez ces humanitaires « de terrain », pour objecter à la monstruosité sémantique qui fit que, dans la parlotte mondialisée qui orchestrait le troc, l'on ne cessa de dire « échange de prisonniers » comme si pouvaient être mis sur le même plan les criminels que libéraient les Israéliens et qui avaient, sur les mains, du sang juif et palestinien et le petit Kfir Bibas qui, lui, 103 jours plus tard, n'avait toujours pas été échangé et fêtait son premier anniversaire, seul, sans famille, sans jouets, dans un probable cloaque.

Mais, dans cette course à l'invisibilisation des otages, à la mise à distance des morts et à la relativisation de leur martyre, c'est l'ensemble des Nations unies qui rivalisa d'ardeur.

Cela faisait longtemps que l'Organisation avait, aux yeux de bien des militants des droits de l'homme, perdu toute dignité.

Je me souviens de la Bosnie où elle fut impuissante, quatre ans durant, à désigner les agresseurs et arrêter le siège de Sarajevo.

Je me souviens du Rwanda où elle attendit la fin des tueries pour identifier génocideurs et génocidés.

Et je ne parle même pas de l'Ukraine où elle s'est laissé prendre, Conseil de sécurité oblige, au piège d'une Russie terroriste et experte en chantages en tout genre.

Mais arrive le 7 octobre.

Son secrétaire général, António Guterres, donne le ton en ne trouvant d'abord à condamner que « l'occupation suffocante » subie, « depuis cinquante-six ans », par le peuple de Gaza.

Et c'est tout son immense appareil, ses agences, ses commissions, sous-commissions, conçus il y a quatre-vingts ans pour donner chair au rêve cosmopolitique kantien, qui se mettent en mouvement pour accabler Israël, dénoncer la disproportion de sa guerre et faire passer au second plan l'événement du 7 octobre.

Ainsi Francesca Albanese, rapporteuse spéciale sur la situation des droits de l'homme dans les territoires palestiniens occupés : elle évoque à peine le massacre et se concentre sur la riposte qu'elle qualifie de « monstruosité de notre siècle ».

Ainsi l'organisation ONU Femmes : elle attend deux mois, comme nombre d'organisations féministes aux Etats-Unis, pour dénoncer avec fermeté les féminicides et les viols commis dans les kibboutz et ne s'émeut pas, dans l'intervalle, de voir sa responsable adjointe, Sarah Douglas, poser devant un drapeau palestinien et relayer des dizaines de tweets pro-Hamas.

Ainsi, à l'inverse, les protestations véhémentes visant, à l'intérieur de l'Organisation, les rares personnalités qui se refusent à cette absolution du crime initial : Alice Wairimu Nderitu, conseillère spéciale du secrétaire général pour la prévention des génocides, menacée d'être démise pour avoir osé rappeler qu'une vie juive vaut une vie palestinienne et fait de la libération des otages un préalable à toute négociation ; ou encore Cindy McCain, directrice exécutive du Programme alimentaire mondial, sermonnée par ses équipes parce qu'elle avait, en mémoire de son mari, le sénateur de l'Arizona John

McCain, accepté de se rendre au Canada où l'on remettait le John McCain Prize for Leadership in Public Service au « peuple d'Israël » devenu, aux yeux de ses collègues, la figure même du nouveau nazi.

Quant à l'UNRWA, grande agence onusienne en charge de l'essentiel de l'aide humanitaire aux Palestiniens, elle mérite une mention spéciale puisque l'on sait désormais qu'elle a été partie prenante au crime. On trouve, dès le 6 janvier 2024, un arsenal de lance-grenades dans un dispensaire de Khan Younès qu'elle gérait. Un atelier de fabrication de roquettes est démantelé dans la maison voisine de son école de Beit Lahia, au nord de Gaza. Selon un rapport monitorant ses programmes pédagogiques et leur conformité aux normes de l'UNESCO, plusieurs de ses enseignants ont applaudi au massacre : l'un l'a qualifié de « spectacle splendide » ; l'autre de « première vraie victoire » sur la voie de la « libération » de la Palestine ; une troisième a célébré « un inoubliable et glorieux matin ». Et puis, le 27 janvier enfin, le Département d'Etat des Etats-Unis, et le secrétaire général en personne, révèlent la nouvelle qui ahurit le monde : douze employés de l'agence – peut-être davantage… – ont mis la main à la pâte et personnellement participé à l'exécution du pogrom.

Tout cela fait beaucoup.

Même aux yeux de quelqu'un qui n'avait plus d'illusion, depuis des lustres, sur l'éthique des Nations unies, même pour ceux qui avaient vu le Pakistan imposer au Conseil des droits de l'homme une législation anti-blasphème ou qui voyaient l'Iran présider, à Genève, le Forum social du même Conseil, même pour les esprits blasés qui n'éclatèrent pas de rire à l'annonce que la République islamique d'Iran, toujours elle, doit prendre la présidence, le 18 mars 2024, de la Conférence du désarmement, il y avait là un parti pris, un deux poids et deux mesures, presque inimaginables.

Et, de fil en aiguille, lentement mais sûrement, c'étaient les otages et les morts israéliens qui disparaissaient dans cette nuit de mots, de criailleries et de mensonges qui s'abattait sur la planète.

Ce n'est plus seulement – air connu… – que l'on démonisait Israël.

Ni que l'on revînt sans honte aux temps – qui n'avaient, au fond, jamais vraiment cessé… – où l'UNESCO identifiait sionisme et racisme.

C'était un événement fondateur qui se voyait, sinon nié, du moins noyé.

C'est l'Evénement, majeur et majuscule, qui avait, un instant, foudroyé les consciences et qui rentrait dans le rang des péripéties disputées d'un très ancien conflit.

Et c'est la planète, toute la planète, qui s'évertuait à oublier qu'elle avait, quelques mois, semaines ou jours plus tôt, vacillé sur son axe, vu s'ouvrir les portes de l'enfer et entendu monter le cri qui, dans la chambre d'écho des siècles, dit l'effroi face au surgissement du Mal absolu.

Rarement négationnisme aura fonctionné si bien, si vite, en temps réel.

Rarement la gomme à effacer l'immondice humaine chère à mon cher Aragon aura si bien œuvré.

L'Europe, le monde, pouvaient retourner dormir tranquilles.

2.

Les pièges du bon sens

Il y eut, dans cette déconstruction méthodique de l'Evénement, trois thèmes ou, comme on dit de nos jours, trois éléments de langage qui furent d'autant plus ravageurs qu'ils semblaient relever du bon sens.

D'abord le « Oui mais ».

L'inusable, increvable, éternel « Oui mais » que connaissent les professionnels de la profession de l'excuse.

Oui, d'accord, les otages, expliqua, par exemple, le communiqué officiel de La France Insoumise publié le jour de l'assaut – mais ils s'inscrivent « dans un contexte d'intensification de la politique d'occupation israélienne à Gaza et en Cisjordanie » (quelle politique d'occupation à Gaza, leur répondirent les amis de la vérité ? ignoraient-ils qu'il ne restait plus, à Gaza, depuis 2005 et le retrait décidé par Ariel Sharon, la moindre présence israélienne ? n'avaient-ils pas entendu dire que, le premier geste des Palestiniens ayant été de brûler les synagogues et maisons que Tsahal laissait derrière elle, il ne restait plus, depuis dix-huit ans, l'ombre d'une présence juive à Gaza ?).

Oui le pogrom, insistait-on ; oui l'événement minuscule, majuscule, comme vous voudrez ; mais quid de l'horreur de l'apartheid ? Israël n'est-il pas comme, jadis, l'Afrique du Sud, une société d'apartheid ? (on tenta de rappeler à ces ignares qu'Israël est un pays où deux millions d'Arabes, soit 20 % de la population, jouissent des mêmes droits économiques, sociaux, civiques que leurs concitoyens juifs ; qu'il y a plus de maires et de juges issus de cette minorité que dans toute autre démocratie au monde ; et que cette minorité est représentée, à la Knesset, par plusieurs partis qui s'offrent le luxe de haïr le sionisme mais n'en dédaignent pas pour autant, quand ils le peuvent, de servir d'appoint à une majorité de gouvernement).

Oui, finassent encore les défenseurs américains et européens de la « politique des identités » et, si possible, des « identités minoritaires », mais les Juifs appartiennent à la catégorie suspecte des « blancs privilégiés » alors que le Hamas est un soldat indiscipliné, mais un soldat tout de même, de la grande armée des va-nu-pieds en guerre contre ce que Jean Genet appelait les « règles blanches » (on a honte, ici, d'avoir à répondre… honte de mettre ne serait-ce qu'un doigt dans la mécanique du raisonnement… et honte, pour eux, de devoir rappeler à ces gens qu'il y a, donc, en Israël, des Juifs et des Arabes ; mais aussi des Druzes, des Araméens, des Bédouins, des Tcherkesses ; mais aussi, parmi les Juifs, des Juifs arabes, éthiopiens, asiatiques, russes, ukrainiens, j'en passe – faut-il leur apprendre, vraiment, qu'Israël est un pays multiethnique, le seul de la région, et l'un des seuls au monde où l'aventure ait à ce point réussi ?).

Oui mais l'extrême droite, chouine encore la pensée qui ne pense pas et qui ne raisonne qu'en termes d'« escalade de la violence »… Oui mais les peu ragoûtants ministres Ben Gvir et Smotrich qui rêvent de raser Gaza et avec qui Netanyahu, s'accrochant au pouvoir, a honteusement fait alliance… (Allons ! Outre que les deux ministres, s'ils resteront comme une tache dans la biographie déjà bien sombre de leur Premier ministre, pèsent le poids d'une plume dans la longue histoire d'Israël, essayons d'être sérieux ! Imagine-t-on un voisin, par exemple, de l'Italie de Madame Meloni prenant prétexte de son inclination post-mussolinienne, de ses prises de position sur les migrants ou de telle manifestation, à Rome, d'une cohorte de nervis qui font le salut fasciste sans qu'elle songe à les condamner, imagine-t-on un Etat, un proto-Etat ou un quasi-Etat voisin lancer une opération punitive faisant, à l'échelle de l'Italie, un nombre de morts que l'on n'ose calculer ?)

Oui, mais « le contexte », insistent, d'un air entendu, ceux à qui on ne la fait pas ?

Ah ! le contexte…

C'est António Guterres encore qui donna le « la » en déclarant que l'attaque du Hamas, si hideuse fût-elle, ne s'était pas produite « dans un vide » et devait être appréciée en fonction du « contexte de l'occupation par Israël ».

Mais ce fut le maître mot que reprirent en chœur des politiques français, des éditorialistes du Sud global et, aux Etats-Unis, les doyennes du MIT, d'Harvard et de l'Université de Pennsylvanie quand la Chambre des représentants leur demanda si appeler au meurtre des Juifs violait ou non les règles en vigueur sur leurs campus.

Israël se défendait.

Israël, blessé au cœur, tentait de neutraliser les nazis qui l'avaient saigné.

Israël, piégé par des gestionnaires de boucliers humains, faisait la guerre qu'on lui avait déclarée et, contrairement à Erdogan liquidant sans scrupules ses Kurdes, Xi ses Ouïghours, Poutine les Ukrainiens et les Tchétchènes, il faisait cette guerre – j'y viens… – dans le respect des lois de la guerre. Et tout ce que l'on trouvait à lui répondre, quand on n'exigeait pas une Palestine allant « de la mer au Jourdain », c'était « oui mais ».

Il y a un deuxième argument qui se répandit comme une traînée de poudre : l'argument du cessez-le-feu.

Israël, je le répète, venait d'être assailli comme jamais.

Israël venait de subir une attaque terroriste au moins aussi impressionnante que les Etats-Unis le 11 Septembre ou la France des attentats contre le Bataclan, *Charlie Hebdo* et l'Hyper Cacher.

Mais voilà que, comme les Etats-Unis envahissant l'Afghanistan où se cachaient Ben Laden et les siens, comme la France frappant Raqqa et Mossoul où avaient été planifiés les attentats qui l'avaient meurtrie, il se protège en envahissant Gaza.

Et voilà que, le temps ayant passé et l'état du monde ayant changé, il le fait dans une conjoncture dont les paramètres ont complètement changé.

1. Le parti du terrorisme s'est enhardi (ce n'est plus un Bataclan qui est visé, ni deux tours, mais un pays tout entier, dont les djihadistes ont juré la perte).

2. Il s'est immensément renforcé (le Hamas, contrairement à Daech et à Al-Qaïda, s'appuie sur la puissante coalition que forment les cinq Rois et leurs alliés).

Et 3. l'Etat d'Israël, lui, est dans une situation diamétralement inverse de celle, jadis, de l'Amérique et la France (face à un adversaire alors isolé et ne jouissant d'aucun des soutiens internationaux dont profite aujourd'hui le Hamas, elles avaient la chance, l'Amérique et la France, d'avoir formé des coalitions nombreuses, fraternelles et partageant le fardeau militaire et moral de la guerre – tandis qu'Israël, lui, doit agir seul et compter sur ses seules forces).

Or que croit-on qui se passe ?

Quel est le cri qui monte, dès le premier jour,

de toutes ces chancelleries qui le laissent aller seul au combat ?

Cessez-le-feu !

Arrêt immédiat des combats !

S'asseoir autour d'une table, vite, très vite, et parler avec le Qatar, l'Egypte, l'Algérie, n'importe quel faux témoin et vrai ami des terroristes capable de les convaincre d'accepter une pause, une trêve, un arrêt des hostilités !

L'idée n'était venue à l'esprit de personne, il faut le dire et le répéter, quand, un autre 7 octobre, celui de 2001, les Etats-Unis lancèrent, avec l'appui des Britanniques et de l'OTAN, leur opération afghane.

J'ai couvert la bataille de Mossoul ; je lui ai consacré un film ; j'ai documenté la reprise de la plaine de Ninive puis, au prix de victimes civiles nombreuses et de destructions considérables, la libération de la ville historique, inscrite au patrimoine mondial de l'humanité, du prophète Jonas ; je n'ai pas souvenir, là non plus, qu'aucune grande démocratie ait lancé un appel de cette sorte.

Et s'il en fut alors ainsi, si nul de sérieux ne songea, alors, à imposer un cessez-le-feu avant que ne soient défaits Al-Qaïda et Daech, c'est pour deux raisons.

Ou bien l'on parle d'un vrai cessez-le-feu, c'est-à-dire d'une trêve humanitaire et Israël, à l'heure où j'écris ces lignes, est le premier à en parler et à proposer une pause que le Hamas refuse : mais on ne peut le faire que dans la crainte et le tremblement ; car, lorsque l'on traite avec une organisation, un califat ou un Etat terroristes, l'autre effet d'un cessez-le-feu est de lui permettre de regrouper ses forces, de reconstituer ses stocks d'armes, de rétablir ses chaînes de commandement et de récidiver, donc, en pire.

Ou bien l'appel au cessez-le-feu est une manière déguisée d'inviter au réalisme, au compromis et à la paix avec les assassins : mais a-t-on proposé la paix à Daech ? fait Munich avec Al-Qaïda ? et serait-il raisonnable de permettre à l'organisation, au califat ou à l'Etat terroriste du Hamas, non seulement de se refaire, mais de crier victoire, de montrer que sa violence a payé et de voir grandir, grandir encore, son aura de David arabe ayant tenu tête au Goliath occidental ?

On dit souvent que le djihadisme est une idée et que l'on ne tue pas une idée avec des bombes.

Ou, version simplifiée : un djihadiste de perdu, dix de retrouvés ; les terroristes aiment la mort, ils se nourrissent du sang des autres mais aussi de leur propre sang ; en sorte que la guerre qu'on leur livre exauce leur désir, leur donne la gloire qui leur manquait et suscite des vocations.

Cela est factuellement faux.

La défaite de l'Afghanistan en 2001, puis la mort de Ben Laden en 2011, n'ont certes pas éradiqué Al-Qaïda – mais elles ont terni son aura, détruit le mythe de son invincibilité et découragé nombre de ceux qui pensaient, en rejoignant le groupe, voler au secours de la victoire.

Casser les structures de commandement de Daech à Mossoul, réduire à presque néant le territoire à partir duquel il opérait, puis, en 2019, tuer Abou Bakr al-Baghdadi, son chef, n'a pas empêché qu'il reste des soldats perdus pour se reconnaître, jusqu'aujourd'hui, dans son drapeau – mais nous sommes loin de la popularité, de la capacité de mobilisation, de la force de frappe qui furent les siennes à son sommet !

Et puis, accessoirement, il faut avoir une piètre idée des peuples de cette région pour penser qu'ils seraient les seuls au monde à vivre la défaite d'un pouvoir barbare comme une source d'ivresse supplémentaire, une invitation à un nouveau martyre et un appel à verser plus de sang encore : pourquoi n'en irait-il pas de la Palestine et des Etats arabes voisins comme de l'Allemagne d'après 1945 dont le président Richard von Weizsäcker déclara, dans un discours historique, que la défaite militaire lui fut aussi une délivrance ?

Mais non.

Il s'agit d'Israël et nul ne veut entendre cette hypothèse.

Il s'agit d'Israël et 82 % des Etats de la planète exigent de lui la retenue qu'ils n'ont jamais demandée à aucun autre Etat agressé et menacé d'être détruit.

Il s'agit d'Israël et l'on part du principe, inenvisageable partout ailleurs, soit qu'il n'a pas le droit de se défendre, soit qu'il doit s'accommoder d'un Hamas affaibli à ses frontières.

Et puis, troisième argument de « bon sens » : celui du « jour d'après ».

Eh oui !

Les Israéliens n'en avaient pas fini avec le jour d'aujourd'hui qu'on leur demandait déjà de passer à celui d'après.

Ils n'avaient pas séché leurs larmes, fait leur deuil, retrouvé leurs captifs, il y avait encore un père qui avait enterré son fils mais courait les administrations pour essayer de récupérer sa tête dont il avait ouï-dire qu'elle avait été vendue 10 000 dollars sur un marché de Gaza et on les sommait déjà de dire quel était leur plan, leur projet, leur vision – quel avenir ils imaginaient pour un peuple palestinien dont les dirigeants, pour l'heure, ne songeaient qu'à les annihiler.

Ils avaient à mener la guerre la plus complexe qu'une nation démocratique ait eu à mener depuis des décennies. Ils avaient à gérer, non seulement la mise à l'abri des civils palestiniens, mais, au sud d'Israël, l'évacuation de 200 000 civils israéliens et, au nord, à la frontière avec le Hezbollah, la mise à l'abri de 100 000 autres. Tandis qu'ils organisaient ces déplacements de population inédits dans leur histoire et colossaux à l'échelle du pays, les milices chiites parties de Syrie se mettaient en mouvement et les villes de Cisjordanie, après avoir dansé, grondaient. Et, face à ce drame existentiel, l'on voyait des experts, des généraux à la retraite, un ancien Premier ministre nostalgique d'une gloire onusienne fanée, investir les plateaux de télévision pour nous saouler d'indigentes considérations pseudo-clausewitziennes : « la guerre est la continuation de la politique par d'autres moyens ; il n'y a pas de guerre possible sans idée claire du but à atteindre ; là, quel est le but ? quel est le plan de sortie ? qu'ont-ils en tête, ces officiers israéliens ivres de vengeance ? ».

Alors, bien sûr qu'il y aura un jour d'après.

Il y a toujours un jour d'après et les soldats de Tsahal le savent aussi bien que les militaires de plateaux.

Mais de quoi, au juste, parle-t-on et qu'ont, précisément, en tête ces donneurs de leçons quand ils disent, la mine contrite et grave, qu'Israël est devenu un bateau ivre qui n'a pas de plan pour le jour d'après ?

De deux choses l'une encore.

Ou bien la question est de savoir qui administrera Gaza demain, qui le reconstruira, et comment l'on ramènera à la vie les deux millions de Gazaouis pris en otage depuis dix-sept ans par des dirigeants indignes. Si tel est cas, que l'on se rassure. Il y a d'ores et déjà, au Caire, à Abu Dhabi, à Riyad, des think tanks qui sont à l'ouvrage. Et il y a, à Jérusalem, un plan que l'on peut trouver insuffisant, hâtif, discutable et que le Premier ministre lui-même a d'ailleurs déjà discuté quand son ministre de la Défense, le 4 janvier 2024, l'a rendu public. Mais il existe, ce plan. Et il montre que le cabinet de guerre a, sinon une idée précise, du moins le souci de ce que doit être le Gaza de demain : des institutions palestiniennes pour l'administration ; des pays arabes modérés pour la reconstruction ; un contrôle technologique de la frontière avec l'Egypte ; et pas de réimplantation israélienne.

Ou bien l'on se dit que l'erreur des artisans, Israël en tête, des accords d'Abraham a été de croire que la revendication nationale palestinienne allait se dissoudre, par enchantement, dans les brumes du grand marché régional en gestation – et l'on entend alors par « jour d'après » le jour de contrition où l'on viendra dire aux Palestiniens : « vous avez été oubliés, effacés, passés aux pertes et profits d'une Histoire qui ne s'écrit jamais sans les peuples – mais il n'est jamais trop tard pour réparer et c'est ce que la communauté internationale est en train de forcer Israël à faire… ».

Si l'idée est celle-là, alors il faut être clair.

Je crois, moi aussi, que l'Histoire ne se fait pas sans les peuples.

J'ai écrit, moi aussi, et je n'ai pas attendu le 7 octobre pour cela, que le point aveugle des accords d'Abraham fut la question palestinienne.

Et je suis, s'il faut mettre les points sur les i, de ceux qui ont souhaité, toute leur existence, que s'impose la solution des deux Etats, c'est-à-dire que soit fait droit aux droits des Palestiniens.

Le tout premier article de ma vie, « Sionismes (au pluriel) en Palestine », publié, au lendemain de la guerre des Six Jours, dans la revue du « Comité international de la gauche pour une paix négociée au Proche-Orient »...

Ma joie quand je crus, à Camp David, que la partie palestinienne acceptait l'offre d'Israël...

Le plan de Genève dont je fus l'un des parrains...

L'idée d'une paix « sèche » que, voyant l'impasse d'Oslo, je lançai, en 2002, dans un discours à Tel Aviv : faire la paix, pas l'amour... la paix, là, maintenant, sans attendre, à la saint-glinglin, d'avoir appris à se comprendre et se connaître... la paix, non plus au terme, mais au commencement du processus car, si on attend le terme, il y aura toujours un des partenaires pour, à l'avant-dernière minute, faire dérailler le train...

Sans parler de deux épisodes que je raconterai un jour dans le détail.

Le Dominique de Villepin ministre qui était encore, en ce temps-là, un sympathique personnage aux enthousiasmes juvéniles et qui semblait dirigé par un metteur en scène intérieur se trompant chaque fois de rôle : un coup, un général d'Empire ; un coup, un rufian rêvant de « chevaucher » la France ; un autre, une envie soudaine de littérature ; un autre, un serviteur de l'Etat corseté dans une realpolitik sans orages ; et puis, cette saison-là, avec un jeune et ardent conseiller nommé Bruno Le Maire, la volonté de voir grand pour la France. Le président Bush vient de proposer une « Feuille de route » censée revivifier le processus de paix. Eh bien le ministre qui ne s'est pas encore fait son masque de Mélenchon de droite, sec, un peu momifié, et semblant n'avoir plus à disposition, quand il s'agit d'Israël, qu'un répertoire de clichés éculés et rances, veut voir la France proposer, en appui de l'initiative américaine ou, peut-être, en concurrence avec elle, une « Déclaration de principe » dont il me confie la rédaction et dont il est prévu que j'aille plaider la cause auprès d'Israël et des Etats arabes. Le projet avorte. Mais je me souviens de ma joie, de mon enthousiasme, à l'idée de porter l'initiative !

Et puis une conversation avec Ariel Sharon. La dernière. En novembre 2005, peu de temps avant la double attaque cérébrale dont il ne se remettra pas. « Savez-vous quelle est la taille de Gaza, me demande-t-il, ce soir-là, dans son bureau de Jérusalem, tandis qu'il évoque sa décision, controversée dans son parti, d'évacuer l'enclave ? Dix fois Dubaï City… Dix ! Les gens ne s'en rendent jamais compte. Israël n'est pas si grand qu'on croit. Mais Gaza n'est pas si petit qu'on le dit. Et les Palestiniens, s'ils sont sérieux, auront l'espace nécessaire pour y construire dix Dubaï, dix Singapour. Et puis autre chose… ». Il sembla las, un instant. Son visage de lutteur empâté fut envahi de mélancolie. Mais il se ressaisit. Son cou épais et étrangement souple se projeta en avant comme celui d'un portefaix qui se déchargerait de son fardeau. Et il me dit, le regard maintenant lointain, sur le ton d'un homme qui exprime sa dernière volonté : « l'Europe… il faut que l'Europe sache que nous évacuons, en même temps, des implantations de Judée-Samarie… par la force, s'il le faut… *manu militari*… pour moi, tout est lié… ». Oui. Pour ce pionnier d'Israël, ce soldat, et ce faucon, le désengagement de Gaza était le prélude à la naissance d'un Etat palestinien. Gaza libéré était la miniature, le prototype, de cet Etat auquel il s'était résolu. Et, quant à moi, lorsque je sortis du bureau et me retrouvai dans la nuit claire et sonore des rues de Jérusalem, mon cœur bondissait de joie.

Si j'évoque ces souvenirs c'est pour rappeler que peu de sujets m'auront davantage occupé, en cinquante années d'engagement.

Mais c'est aussi pour que l'on me comprenne bien si je dis que claironner, là, maintenant, ce message qu'ont au bord des lèvres tous les pseudo-clausewitziens et Palestiniens imaginaires du *jour d'après* : « voilà ; on vous a compris ; le processus de paix, au point mort depuis des années, nous le remettons sur les rails ; et l'Etat palestinien dont le méchant Israël ne voulait pas, nous vous l'offrons dans la hâte et l'urgence » serait une infamie pour au moins deux raisons.

La condition, d'abord, pour qu'un Etat voie le jour c'est, aujourd'hui comme hier, le jour d'après comme le jour d'avant, que se lève chez les Palestiniens une force prête à dire : « nous sommes prêts au partage et nous acceptons, de guerre lasse, la résolution de 1947 qui instituait les deux Etats et que nos grands-pères, puis nos pères et, en fait, tous nos dirigeants ont refusée jusqu'à présent » : cet instant, je l'attends depuis le premier jour de mon âge d'homme – mais y sommes-nous ?

Mais, surtout, cette histoire de jour d'après a un second effet – terrible, non seulement pour Israël, mais pour le monde. Imaginons que l'on dise, donc, au peuple de Gaza et de Cisjordanie : « c'est bon, nous avons tout compris ; nous avions des yeux pour ne pas voir et des oreilles pour ne pas entendre ; mais cette fois, c'est bien reçu ; là où les artisans de la paix ont échoué, les guerriers, les nazis, les pogromistes ont réussi ». Voit-on le sens qu'aurait pareil message ? A-t-on idée de la victoire que ce serait, non seulement pour le Hamas, mais pour tous les groupes terroristes de la planète ? Ne reviendrait-on pas cinquante ans en arrière, au temps où le terrorisme était « l'arme des pauvres » et, par conséquent, « légitime » ? Et n'est-ce pas ainsi, quand le crime paie, que naissent les fameuses vocations terroristes que l'on redoutait de voir surgir, tels des djinns vengeurs, des ruines de Mossoul ou de Raqqa ?

La justice pour les Palestiniens qui auront renoncé à la terreur et accepté Israël, oui, bien sûr. Oui, mille fois. Mais pas là. Pas comme ça. Pas comme un salaire de la peur que nous inspire le djihadisme. Et, donc, précisément pas le jour d'après.

3.

Leçon de Jacob, de Solal et de Romain Gary

Mais il faut appeler les choses par leur nom.

La vérité c'est que le pogrom qui aurait dû être – et qui fut un court instant – l'occasion d'une solidarité sans faille avec les morts et ceux qui les pleuraient produisit l'effet l'inverse : un vent d'antisémitisme ou, pour dire le juste nom de la chose, de haine contre les Juifs sans précédent depuis la Seconde Guerre mondiale et aux dimensions d'une tempête.

Vent d'Est et vent d'Ouest.

Vent du Nord et vent du Sud.

L'Amérique latine de ma jeunesse entonna comme un seul homme le grand air du Juif tueur d'enfants.

L'Afrique du Sud de Mandela, comme s'il ne lui suffisait pas d'avoir accueilli, vingt ans plus tôt, la Conférence de Durban et son atroce « One Jew, One Bullet », prit, devant la Cour internationale de Justice, l'initiative d'inculper l'Etat des Juifs de ce crime de génocide que le Droit a inventé pour rendre justice aux morts de la Shoah.

Le monde entier, en fait, ne bruissait que de cette nouvelle dont on sentait qu'elle comblait d'aise tous ceux que les Juifs impatientaient avec leur prétention millénaire à faire exception à la loi des massacres : « toi aussi, fils d'Israël… toi aussi, qui prétendais ne point tuer, tu as tué… toi aussi, dominateur, sûr de toi, victime devenue bourreau, tu es un peuple carnassier… et si le peuple juif, après avoir été, depuis des décennies, l'étalon de la souffrance, devenait celui du crime, du bombardement indiscriminé, de l'extermination – quel soulagement… ».

Et il en alla de même, hélas, dans les deux pays que je connais le mieux, l'un parce qu'il est ma patrie de naissance et l'autre, les Etats-Unis, l'une de mes patries de cœur.

En France, le nombre d'actes antisémites connut une augmentation exponentielle.

On vit des rassemblements de soutien à la « cause palestinienne » où l'on ne craignit plus de crier « Mort aux Juifs ! ».

Les universités devinrent des lieux où l'on taguait des croix gammées et où porter une kippa vous exposait aux quolibets et aux coups.

Et l'extrême gauche parlementaire, celle qui, en principe, s'inscrit dans l'arc républicain et qui, dans cet arc, a éclipsé le reste de la gauche, renouait avec la fraction du mouvement ouvrier qui, à l'époque de l'affaire Dreyfus, derrière Jules Guesde, était officiellement antisémite.

Car il me reste une chose à dire de Monsieur Mélenchon et de ses amis.

On est trop indulgent avec eux quand on continue de leur faire crédit d'un reste d'esprit républicain.

Et on leur fait bien de l'honneur en les voyant comme des machiavéliens en quête de la martingale permettant de draguer les voix des quartiers.

Car j'observe Monsieur Mélenchon. Je l'écoute. Je l'entends refuser de faire, devant le CRIF, la « génuflexion » que nul ne lui a demandée. Ou accuser Élisabeth Borne, alors Première ministre, et dont il connaît l'histoire familiale, d'épouser « un point de vue étranger ». Ou reprocher à Yaël Braun-Pivet, présidente de l'Assemblée nationale, qui porte au cœur la même sorte de blessure, de « camper à Tel Aviv » et de ne plus parler « au nom du peuple français ». Ou faire grief au président de la Cour des comptes, Pierre Moscovici, de ne pas penser « français » mais « finance internationale ». Les mots ont une histoire. Et ces mots-là sont copiés-collés de la rhétorique du premier Barrès, du Drumont de *La France juive* et des autres agitateurs antisémites de l'époque de l'affaire Dreyfus. Ne lis-je pas, ce matin même, tandis que je m'apprête à rejoindre ma table d'écriture, le tweet de l'un de ses seconds couteaux décrivant la tenue recommandée aux athlètes israéliens pour la cérémonie d'ouverture des Jeux olympiques de Paris ? Pas de drapeau. Interdiction de chanter l'hymne olympique. Uniforme blanc. Il a juste oublié l'étoile jaune...

Mais la surprise vint des Etats-Unis dont les pères fondateurs voulaient faire une nouvelle Jérusalem et où Jérusalem devint, en quelques jours, dans une large part de l'opinion, le nom du pire.

On vit des manifestations de soutien à « la Palestine » envahir le Grand Central Terminal, bloquer le pont de Brooklyn et vandaliser des bibliothèques.

Apparut, devant les églises, un étrange slogan, « No Christmas as Usual ! », dont on comprit qu'il visait, dans la pure tradition marcioniste (cette hérésie chrétienne du IIe siècle, nommée d'après l'évêque Marcion et prétendant couper les Evangiles de leurs sources hébraïques), à déjudaïser Jésus et à le transformer en un Arabe palestinien crucifié.

La police municipale de New York toléra que des militants portant keffieh, et masqués comme au temps du Ku Klux Klan, attaquent des synagogues, des écoles juives ou des magasins « juifs ».

Et il y eut, bien sûr, le torrent de boue qui déferla sur les plus prestigieuses universités du pays.

Appels à la haine et au meurtre.

Harcèlement, intimidation, agression physique des étudiants juifs.

Un professeur de Cornell jugeant, sur une vidéo vue 12 millions de fois, que le massacre du 7 octobre l'avait « exalté » car il avait « renversé le rapport de forces ».

Un étudiant inculpé pour avoir, toujours à Cornell, menacé d'« apporter un fusil d'assaut sur le campus », d'« abattre tous les porcs juifs », de « poignarder et trancher la gorge de tous les hommes juifs », de « violer et jeter du haut d'une falaise toutes les femmes juives », de « décapiter tous les bébés juifs ».

Un autre déclarant que les participants à la rave party avaient mérité ce qui leur était arrivé car « ils faisaient la fête sur des terres volées ».

Et les présidentes d'Harvard, du MIT et de UPenn qui, face à la Commission d'enquête de la Chambre des représentants, soutinrent que ces propos étaient protégés par le premier amendement de la Constitution et sa sacro-sainte liberté d'expression.

Quand on sait que ces trois universités arrivent en queue du classement établi, chaque année, sur le sujet de la libre expression, par la Foundation for Individual Rights and Expression (FIRE), la conclusion s'impose : toutes les minorités sont protégées, sur les campus, contre les propos offensants ; à toutes l'on ménage des *safe spaces*, des zones de confort, où elles ont la garantie de ne pas être incommodées par des déclarations libres mais blessantes ; une seule fait exception – et c'est la minorité juive.

Tout cela n'est, certes, pas nouveau.

Chaque guerre d'Israël, depuis cinquante ans, a donné lieu à pareilles éruptions de délire.

Et les deux sont d'ailleurs si intimement liés que j'ai, dès 1982, dans l'un de mes premiers livres, démontré comment, après avoir, à l'âge chrétien, reproché aux Juifs d'avoir tué le Christ, puis, à l'âge des Lumières antichrétiennes, de l'avoir enfanté, puis, à celui du socialisme, de faire cause commune avec le capitalisme, puis, à la naissance de la biologie moderne, d'incarner une race définitivement étrangère, j'ai démontré, donc, comment, à l'âge qui est le nôtre, les mots de haine les plus audibles et les mieux à même, une fois semés, de récolter la tempête sont ceux qui lient les Juifs à un Israël préalablement satanisé – j'ai établi le théorème : ce n'est pas tant qu'un antisioniste soit nécessairement antisémite ; il n'y a plus d'autre manière, pour un antisémite d'aujourd'hui, de dire efficacement sa haine qu'en passant par le canal de la détestation d'Israël…

Mais, cette fois, c'était immense.

Comme si l'énormité du crime initial devait rendre d'autant plus énorme la suite de la séquence, ou comme si l'on s'en voulait du choc qu'avait provoqué le choc et qu'il fallait se faire pardonner, ou se pardonner à soi-même, le moment de vacillement, d'égarement, qui avait vu le monde communier une minute, une minuscule minute, avec les Israéliens frappés, l'on fut pris d'une haine sourde, folle, et presque sans limite.

Juifs tueurs d'enfants, donc.

Juifs qui, comme à l'époque de Shylock ou de Pharaon, ont découpé leur livre de terre à même le corps vivant du monde.

Juifs coupables d'assassiner le dernier Christ en date, c'est-à-dire le peuple palestinien de Gaza City qui se veut lui-même *Judenrein*.

Juifs coupables d'être juifs, et à qui l'on tente d'accrocher une étoile jaune, non plus au vêtement, mais au cœur.

Juifs coupables, par une dernière ruse de la déraison, dans la nouvelle et folle vision « wokiste » du monde, non plus d'être une « race » mais de ne plus l'être puisqu'ils deviennent des surgeons de l'« homme blanc », dissous dans un Occident détesté.

Et ce mur d'incompréhension (on dirait une pyramide) où se brisent les mots quand on tente d'expliquer qu'Israël est un petit pays luttant, non pour s'étendre, non pour remplacer, mais pour survivre et empêcher que ne récidivent ceux qui ont arraché la vie, dans la plus grande des barbaries, à 1 200 de ses enfants…

Ce fut – c'est – un raz-de-marée.

Alors Israël, bien sûr, a des amis.

Il y a le vieux président Biden – mais tiendra-t-il face à la grogne dans son parti ? et comment cet ami sincère de l'Etat des Juifs peut-il tomber dans le piège de « l'Etat palestinien » *maintenant* et *avec le Hamas* ?

Il y a des républicains et des démocrates, des gens de droite et des gens de gauche, qui savent qu'Israël est l'une des démocraties les plus abouties du monde – mais sont-ils entendus ?

Il y a les chrétiens de probité qui ont fini par comprendre la part d'eux-mêmes qu'incarne l'humanité juive et comment, sans elle, sans son opiniâtreté à être, sans sa volonté de rester vissée à son origine qui est aussi sa destination, c'est le christianisme même qui serait en péril – mais c'est l'éternelle question : ces sœurs et frères dans l'Alliance, combien de divisions ?

Israël a des amis dans le monde arabo-musulman qui ont compris, au Kurdistan mais pas seulement, que cette guerre est aussi leur guerre – mais, là encore, quel est leur poids ?

Et puis il y a enfin ces amis nouveaux, à l'extrême droite des échiquiers politiques occidentaux, qui sont nombreux à tendre la main : mais que penser de ceux-là ? et peut-on, doit-on, compter sur eux ?

Je pose la question loyalement.

Et je n'oublie pas que les hommes changent, que les partis se transforment – et que des racistes guéris, des antisémites repentis ou des filles et fils de fascistes rompant avec l'héritage des pères, cela s'est vu !

Mais, là, est-ce le cas ?

Madame Le Pen, en France, peut-elle honnêtement prétendre avoir rompu avec la pensée de son père quand elle mêle dans le même opprobre le port de la kippa et celui du voile islamiste ? ou quand elle réprouve toujours, aux dernières nouvelles, le discours refondateur de Jacques Chirac établissant la responsabilité de la France dans la rafle du Vel d'Hiv et, en conséquence, la culpabilité sans appel de Vichy ?

Monsieur Bardella, incapable de répondre à la question de savoir si Le Pen père était ou non antisémite quand il rebaptisait « Durafour crématoire » le ministre Durafour, quand il rêvait de la « fournée » qu'il faudrait faire avec les descendants des rescapés des fours qui avaient le front de lui tenir tête ou quand il jugeait que les chambres à gaz étaient un « détail » de l'histoire de la Seconde Guerre mondiale, Monsieur Bardella, donc, peut-il affirmer sans sourciller qu'il a fait le long, difficile et douloureux chemin qui, seul, vous arrache aux préjugés de l'antisémitisme ?

Et les conseillers, anciens gudards, qui rôdent encore aux marges de son parti ?

Et, aux Etats-Unis, les chrétiens évangéliques qui sont l'un des soutiens de Donald Trump et qui ont fait le chemin inverse des chrétiens de probité puisqu'ils sont « sionistes », eux, dans l'exacte mesure où ils entendent, au jour du Jugement, tels des marcionistes de la Fin, se substituer à Israël sur la terre dont il assure provisoirement la garde ?

Et Donald Trump lui-même qui, interrogé sur son rapport personnel aux Juifs, répond qu'il n'a jamais trouvé mieux que ces « petits hommes à kippa » pour « savoir compter son argent » ?

Et Viktor Orban que j'ai connu, jeune dissident, au moment de la chute du mur de Berlin et que je retrouve, trente ans plus tard, à Budapest, dans ses habits neufs de Premier ministre, me disant dans la même phrase sa solidarité avec Israël et son admiration pour le régent Horthy, le Pétain magyar, coresponsable de la déportation vers Auschwitz, en 1944, de 437 000 Juifs hongrois ?

Non.

Ce n'est pas ainsi que les hommes changent.

On ne rompt pas avec l'antisémitisme par décret, d'un trait de plume.

Et, si je suis bien conscient qu'une nation aussi fragile qu'Israël ne peut pas s'offrir le luxe de refuser une main qui s'offre, je recommande la plus extrême prudence.

Je me souviens de Pierre Boutang, antisémite repenti, m'expliquant la divine surprise de l'extrême droite lorsqu'elle vit que le peuple des égarés, des exilés, des errants, rentrait dans le rang des nations.

Je me souviens de textes, découverts à la même époque, tandis que j'écrivais *L'Idéologie française*, où Drumont, qui haïssait de toute son âme l'âme d'Israël, applaudissait à la naissance du sionisme qu'il voyait comme un retour au bercail de la brebis galeuse, scrofuleuse, récalcitrante.

Que chacun dise en conscience s'il reconnaît d'autre grandeur à Israël que de revenir au bercail et d'autre utilité aux Juifs que de faire obstacle à un retour des Sarrasins, tel devrait être le préalable à toute discussion éclairée sur cette question.

Et que les Juifs, chaque Juif, sachent, en conscience aussi, ce que vaut un ralliement qui n'est gagé ni sur une amitié vraie, ni sur un respect sincère ni sur une connaissance, même vague, de l'aventure juive, de la mémoire juive, de l'être juif, tel devrait être le minimum requis quand on a payé si cher, dans le passé, son aveuglement aux mécaniques du pire.

Pour moi, en tout cas, les choses sont claires.

Aucune alliance au monde ne vaut que les Juifs renoncent au devoir d'exception qui, d'Akiva à Kafka et de Rachi à Proust, a été le ferment de leur presque incompréhensible résistance.

Aucune ne mérite d'oublier que l'endurance du peuple juif à travers les âges vint aussi de son refus de tout ce qui ressemblait au mépris de l'étranger, à la haine de l'autre, au racisme, au chauvinisme.

Et, si on ne l'oublie pas, alors il faut prendre garde à ne pas mêler ne serait-ce qu'une goutte de l'encre de lumière dans laquelle furent écrits les livres de la Sagesse juive avec les flots de bile et de venin que déversent ces nouveaux amis sur d'autres peuples fragiles qui ne sont, eux, pas leurs amis – et il n'y a pas de vrai accord possible, pas de compromis historique pensable, avec eux.

Les Juifs sont seuls donc.

Décidément et dramatiquement seuls.

Et leur solitude est d'autant plus tragique que cette grande petite nation qu'est Israël, ce mince lambeau de terre attaqué de tous côtés et conspué par des milliards d'hommes qui ont oublié ce qu'ils lui doivent, ce peuple toujours coupable, toujours fautif et, quoi qu'il fasse, voué à l'opprobre, est pris entre ces deux feux, ballotté comme une poupée, écartelé entre les libéraux qui lui ressemblent mais le désavouent et les illibéraux qui ne lui ressemblent pas mais le défendent.

Mais voilà.

La tragédie, c'est grec, ce n'est pas juif.

La grande affaire d'un Juif n'est pas, tel Œdipe à Colone, de vérifier que les dieux sont cruels et que des forces inconciliables régissent le monde dans son dos – elle est de survivre.

Et, de ce point de vue, les Juifs sont plus seuls, oui, qu'ils ne l'ont jamais été.

Ou, peut-être, le contraire.

Peut-être le sont-ils, seuls, comme il a toujours été dit qu'ils le seraient et est-ce plus désespérant encore.

Je pense à Jacob qui, lorsqu'il s'installe enfin, après avoir longtemps trimé, sur la terre promise à Abraham, voit qu'il est entouré d'une meute de chiens – et s'assied.

Je pense à Albert Cohen me répétant, lors de nos rencontres, avenue Krieg, à Genève, la leçon de Solal ; m'exhortant à exceller, m'armer, faire le Grec devant les Gentils, pratiquer leurs rituels ; et puis m'avertissant, soudain fébrile, sur le ton d'un homme que l'on réveille en sursaut dans un cauchemar, que cela n'aurait qu'un temps et que c'est, à la fin, depuis la nuit des temps, toujours la Bête qui gagne.

Je pense à Romain Gary, l'autre ami, rencontré au temps des « nouveaux philosophes », et dont je croyais, comme beaucoup, qu'il était du côté de la force juive : je le revois, hautain, faisant le fier, ses pommettes restées osseuses sous la toque d'astrakan qu'il garda, ce jour-là, pendant tout le déjeuner ; je le réentends, parlant trop fort, de sa belle voix d'homme des lointains, au teint d'acier bruni, qui a triomphé de la guerre et de la mort, du bruit et du silence, de la réprobation et de la gloire, m'inviter à la ruse et à la résistance, à l'humour et à l'amour. « Mort aux vaches, hurla-t-il à la cantonade, dans le restaurant. On les aura. Tu les auras. Incapables de résister au dibbouk qu'un Juif aguerri comme toi va leur fourrer dans le bide. Même pas peur ! ». Puis, plus bas, voix d'entrailles tout à coup, très pâle sous le carmin des joues : « mais pour combien de temps ? en vérité, c'est foutu ; on prend trop de place ; notre existence est outrancière ;

je sais, depuis le début, qu'on est de trop ». Quelques semaines plus tard, il était mort.

Et puis je pense une dernière fois au texte de Levinas, dans *Noms propres*, qui me poursuit.

Mais ce ne sont plus, dans ma pensée d'aujourd'hui, les seules demeures haussmanniennes dont on arrache les tentures et qui brûlent : ce sont nos grands et nos petits appartements ; nos beaux et nos moins beaux quartiers ; ce sont les synagogues de Sarcelles et de Créteil ; ce sont nos Shabbat quand nous faisons Shabbat ; ce sont, quand nous sommes encore pieux, nos petites fêtes et nos grandes bar-mitsva, nos bougies de Hanouka et nos humbles chandeliers, les cabanes montées après Kippour et qui me semblent des fétus de paille qui vont partir en fumée ou s'envoler ; et c'est, quand nous ne sommes plus pieux, une nuit qui commence où il n'y a plus ni grands ni petits Juifs, ni Juifs de l'étude ni Juifs du siècle, ni Juifs de la politique, ni Juifs du journalisme, ni Juifs de l'art, de la philosophie, du petit et du grand commerce, de la médecine, du prétoire – mais, seulement, des Juifs, c'est-à-dire des coupables.

TROISIÈME PARTIE

L'histoire et la vérité

1.

Pourquoi Israël

La première question posée par ceux qu'enflamme cette affaire d'Israël c'est, en général, cette simple, très simple, mais, en réalité, vertigineuse question : pourquoi Israël ?

C'était la question posée par un autre de mes amis, Claude Lanzmann, dans son tout premier film, tourné en 1972, au lendemain de la guerre des Six Jours et treize ans, donc, avant *Shoah*.

Il n'y mettait pas de point d'interrogation.

Il affirmait juste, avec l'autorité massive qu'il avait en toutes choses, *Pourquoi Israël*.

Mais c'était bien la question.

Pourquoi un Etat plutôt que rien ? Pourquoi un Etat plutôt que l'assimilation, la fin de l'exception, la paix des ménages et des nations ? Pourquoi un Etat plutôt que le dépassement des contradictions, la nouvelle formule, la grande alliance ? Depuis le temps que le christianisme, l'hégélianisme, le socialisme, tout le monde, interpellaient les Juifs : « on vous a tout donné ; tout accordé ; on a pris sur nous votre Genèse ; on a bien voulu de votre Dieu unique et on a renoncé, pour lui, à nos dieux nationaux ; maintenant que c'est fait, calmez-vous ; soyez sages et sympas ; soyez réalistes, synthétiques, conciliants ; rejoignez les cœurs et les esprits des autres hommes dans la grande édification de l'Humanité ; ne voyez-vous pas que votre position est intenable ? que vous marchez contre le vent ? ne comprenez-vous pas que votre nation sera un ghetto, un shtetl, une prison à ciel ouvert, une zone d'exclusion et, si les choses tournent mal, une zone de quarantaine ? c'est il y a un siècle qu'il fallait vous réveiller, au moment du grand réveil des nations, pas maintenant ! ».

Ou bien, à l'envers, chez les moins malveillants, l'autre forme de la question. Pourquoi un Etat plutôt que tout ? Pourquoi un Etat plutôt que tout le douloureux mais glorieux destin, riche en aventures humaines incomparables, en accomplissements de la vie de l'esprit, que fut la vie en diaspora ? Pourquoi un Etat plutôt que cette universalité, cet humanisme de l'autre homme, ce bon levain de cosmopolitisme, qui furent, si longtemps, la vocation des Juifs ? Le judaïsme de la Torah humaine… La pratique du Talmud et de ses temples invisibles… La fidélité à un Dieu dont il est dit qu'il n'est pas venu pour les seuls Juifs mais pour ceux qui ne sont pas ici, aujourd'hui, avec eux… N'y avait-il pas meilleur destin pour tout cela, franchement, que de se voir assigné à une bande de terre qui représente, dit le Livre, une infinitésimale fraction de l'humanité ?

Cette question n'est pas une question vaine.

Nombre de grandes figures du judaïsme se la sont consciencieusement posée.

C'est la matière de la polémique, par exemple, dans les années 1920, entre Gershom Scholem qui s'apprête à rejoindre l'Etat dans les limbes et Franz Rosenzweig, auteur de *L'Étoile de la Rédemption* et inspirateur d'Emmanuel Levinas, qui préfère, lui, rester à Francfort. Le premier ne se fait plus d'illusions sur l'avenir du judaïsme en Allemagne et ne voit d'espoir que dans une renaissance du peuple juif sur sa terre. Le second, non moins soucieux que lui de la pérennité de l'être-juif, émet des doutes sur un retour à Sion qu'il voit comme une machine à normaliser le judaïsme et refuse de faire son deuil de la singularité et de l'étrangeté liées à la vie en diaspora. Or voici que, le 26 décembre 1926, trois ans après cette dispute dont Scholem dira, dans *De Berlin à Jérusalem*, qu'elle fut la plus orageuse de sa vie, alors qu'il a donné corps à son rêve et vit en Palestine juive, il adresse à son ami une lettre étrangement mélancolique où il dénonce les ravages « causés à la langue hébraïque par son passage du statut de langue sacrée à celui de langue de commerce et de communication » et conclut, comme s'il lui donnait rétrospectivement raison, que « cette profanation de la langue » est le signe d'un « processus de normalisation » qui « met en danger l'essence même de la tradition ».

Et c'est également ce qu'ont pensé, après Rosenzweig, après Scholem, à la suite de Levinas mettant son point d'honneur, comme Rosenzweig, à ne pas lâcher la proie grecque pour l'ombre de l'hébreu et à la suite, aussi, du maître new-yorkais Yehuda Magnes, fondateur de l'université hébraïque de Jérusalem, disparu l'année de la naissance de l'Etat et n'ayant jamais cédé, lui non plus, sur les vertus fragiles mais précieuses d'un Exil conçu comme un antidote au judaïsme cananéen qu'il voyait s'implanter à

Tel Aviv – c'est ce qu'ont pensé, donc, nombre de Juifs de la génération de Claude Lanzmann et de la mienne : non plus les Israélites français ou allemands des années trente qui, tels Léon Brunschvicg, Marc Bloch ou Hermann Cohen, avaient cru que le plus grand mérite du judaïsme fut d'avoir, avec la Loi, inventé les droits de l'homme ; mais des Juifs sartriens ; mais des Juifs pas fâchés d'être juifs ; mais les figures juives de ma jeunesse qui, de Robert Linhart à Benny Lévy en passant par Pierre Goldman ou Michel Butel, mettaient ce qui leur restait de judaïsme au service de la révolution ; n'ai-je pas moi-même écrit, plus tard, bien plus tard, un *Esprit du judaïsme* dont la thèse reste que la tâche des Juifs est la réparation du monde ? qu'ils ont pour rôle de tendre la main aux affligés, aux damnés ou, comme Jonas, aux âmes jugées perdues ? et que le « peuple élu » est cette « Am Segula », ce « trésor secret », nécessaire aux nations qui veulent tordre le cou à leur part d'inhumanité et s'engager, elles aussi, sur le chemin de la rédemption ?

Oui, c'est une vraie question.

Alors, à cette vraie question, Claude Lanzmann, en direct ou par avance, répondait, certes, qu'Israël est la patrie historique du peuple juif.

Il savait que le retour à Sion, avec, pour guide, ce Malet-Isaac des premiers sionistes qu'étaient les livres de la Bible, était une chose juste.

Il pensait aussi, j'imagine, que, pour que l'exception juive perdure, et dans l'intérêt même des nations, il était capital que reste une capitale, un lieu pour la pensée juive vivifiée et mise en pratique.

Mais sa vraie réponse tenait en un mot, un seul, un mot terrible et sanglant, un mot qui faisait frissonner jusqu'aux plus incrédules d'entre nous, un mot qui ébranlait jusqu'aux athées de la société qui, tel Freud dans sa lettre à Arnold Zweig, pensaient que « l'idée nationale empoisonne les nerfs et le sang », un mot qui faisait réfléchir à deux fois les modernes qui, comme Lanzmann le mécréant ou moi l'irréligieux, préfèrent les hommes aux pierres et n'ont jamais bien compris que l'on puisse organiser sa vie autour d'histoires de vieux murs, de tombeaux, de cailloux sacrés et de temple vide : l'antisémitisme.

Eh oui.

La vieille haine.

La plus vieille de toutes les haines.

Celle qui poursuit les Juifs de la Babylonie à la Perse.

De la Perse à une Judée envahie, puis occupée et pillée par les Romains qui, avant de s'en aller, mirent à sac Jérusalem et, à en croire Flavius Josèphe, remplirent ses maigres ruisseaux du sang de milliers de Juifs.

La haine qui, quand Rome devient chrétienne et qu'il faut, pour échapper à la meute, remonter vers la Rhénanie pour les uns, vers la Provence et l'Espagne pour les autres, détruit les foyers juifs qu'on a créés et dont l'intensité, la science, la beauté intellectuelle et morale resplendissent comme au premier jour.

La haine de la France très chrétienne qui, de Philippe Auguste à Saint Louis, de Philippe le Bel à Louis X le Hutin et Charles VI, n'en finit pas de rançonner les Juifs, de les expulser, de les réinviter avant de les saigner à nouveau ; la haine qui prend les Juifs en otage et les échange, non contre des assassins, mais contre l'argent qu'ils ont prêté au Royaume et dont le Royaume exige qu'ils fassent abandon ; la haine d'une France qui a vu se lever, avec Rachi de Troyes, le plus beau des soleils talmudiques et qui s'autorise de l'éternel scandale juif, celui du refus de la Croix, pour martyriser ses descendants – les légions romaines ont ratissé le corps de Rabbi Akiva avec des râteaux en fer ? scalpé celui de Rabbi Ichmaël alors qu'il portait ses téfilin ? arraché la langue de Houtspit, l'interprète de la dernière yeshiva encore debout après la révolte de Bach Khorba ? eh bien c'est à Ramerupt, en Champagne, qu'on attache à la queue d'un cheval, et traîne sur les pavés de la ville, le corps sanglant de Rabbenou Tam, petit-fils de Rachi et ami du comte Thibaut de Blois…

La haine qui, lorsque la vague s'apaise, lorsque les rois de France finissent par entendre ce qui se dit quand, au jour de leur sacre, drapés dans leur manteau frappé au lys d'or des grands prêtres d'Israël, l'évêque les bénit au nom du « saint roi David » et de « Salomon son fils », lorsque Pascal, leur ami, cherche les Juifs mais ne les trouve pas car ils sont massivement partis, la haine, donc, qui les poursuit encore à l'Est, toujours plus loin vers l'Est : Pologne ; Lituanie ; Ukraine ; Transylvanie ; Prague où Kafka note que l'on « se baigne dans la haine du juif » ; l'Ukraine encore ; la Volhynie ; jusqu'aux toundras et taïgas déshéritées de Russie : partout les pogroms ; toujours les pogroms ; la roue sans fin des massacres et razzias ; et, inspirant les romans les plus poignants d'Isaac Bashevis Singer, les récits de Nathan Hannover qui vit, en 1648, des femmes dont on a ouvert le ventre pour y coudre des chats vivants, des enfants transpercés avec des lances, débités au hâchoir avant d'être vendus, comme de la viande, à la criée ou encore rôtis au feu et amenés à leurs mères forcées à les manger…

La haine encore, lors de l'affaire Dreyfus, où le père de Levinas vit, selon la formule célèbre, la moitié d'un grand pays se lever pour défendre un petit capitaine juif injustement condamné mais où d'autres, ou les mêmes et, en tout cas, Theodor Herzl, Max Nordau et les premiers sionistes voient la seconde moitié du pays hurler à la mort d'un innocent pour la seule raison qu'il était juif.

Et puis le comble de cette haine, son sommet, cet événement sans précédent et sans retour, cet antijudaïsme moderne, technicien, industrialisé, qui déboucha sur la Shoah et que l'après-Shoah crut boucler dans un sarcophage intellectuel aussi étanche que celui de Tchernobyl – mais c'était une ligne Maginot…

Tout est dit.

Lanzmann n'est pas encore cet Orphée juif allant, maintes fois vainqueur, traverser l'Achéron, pour y chercher son Eurydice aux six millions de visages dont les nazis avaient voulu faire une buée.

Mais il sait tout cela.

Il sait qu'il y a des Juifs malheureux et des Juifs heureux, des Juifs obscurs et des Juifs lumineux, des Juifs pauvres et des Juifs prospères, des Juifs de malédiction et des Juifs d'exultation, des Juifs transgressifs, des Juifs qui se haïssent eux-mêmes et des Juifs naïfs qui croient, chaque fois, jusqu'au bout, que les empires, les royaumes, puis les républiques garantiront leurs droits – mais il sait qu'ils ont tous en commun de pouvoir être, un jour ou l'autre, la proie de la Bête à la voracité sans limite.

A tous, Israël donne un recours.

A tous, si la horde les rattrape, Israël offre un refuge.

Pour tous, insiste-t-il, la haine qui poursuit les Juifs et qui a failli les engloutir, était une raison nécessaire et suffisante pour que naisse, ou renaisse, Israël.

Et pour tous ceux que hante, en 2024 comme en 1945, le serment d'Adorno jurant de tout faire, tout, pour qu'« Auschwitz ne se répète pas », Israël est une évidence.

C'est aussi simple que cela.

Il était temps que les nations du monde, après lui avoir fait respirer l'odeur de ses propres corps d'hommes, de femmes, d'enfants brûlés, laissent un souffle d'air à ce qui reste du peuple juif.

Un coin minuscule de la planète pour les survivants, s'ils le souhaitent, du peuple qui a donné le Livre à l'humanité et qui est aussi le plus vieux peuple persécuté du monde.

C'est ce que dit, en propres termes, la déclaration d'indépendance de l'Etat : « l'hécatombe nazie » démontre « la nécessité urgente de remédier au manque d'une patrie juive par le rétablissement de l'Etat juif dans le pays d'Israël ».

Pourquoi Israël ?

Voilà.

2.

Colonialisme, dites-vous ?

La deuxième question qui vient, c'est celle du colonialisme.

Pas les colonies de Cisjordanie.

Pas les établissements qu'ont créés, depuis 1967, les gouvernements successifs d'Israël dans la partie de cette terre destinée, au lendemain de la Seconde Guerre mondiale, à un nouvel Etat arabe et qu'Israël devra bien, un jour ou l'autre, démanteler.

Non.

Israël même, qualifié de « fait colonial ».

Israël tout entier, présenté comme une « colonie occidentale ».

Cela aussi, pour Claude Lanzmann, était un motif de grande colère.

D'autant que le débat avait été lancé, dans le fameux numéro spécial des *Temps modernes*, paru à la veille de la guerre des Six Jours, et consacré au conflit israélo-palestinien, par un texte de Maxime Rodinson intitulé « Israël, fait colonial ? ».

Tu te rends compte, me disait-il, de sa voix solennelle et sombre, tout envahie de querelle ?

L'*Exodus*, fait colonial ?

Les chants du ghetto, fait colonial ?

Les chansons spartakistes de Gert Granach que j'ai montées dans le générique de début de mon film, le kibboutz de Gan-Shmuel et ses vergers de cédras, Shmuel Bogler, le rescapé d'Auschwitz, Simha Flapan, le père des nouveaux historiens et du sionisme d'extrême gauche, tout cela, tous mes personnages, mes figures, celles de *Shoah*, un « fait colonial » ?

Et de réciter, simulant une patience excédée, des fragments entiers du texte de son ancien ami qu'il savait encore par cœur : « je crois avoir démontré, dans les lignes qui précèdent, que la formation de l'Etat d'Israël sur la terre palestinienne est l'aboutissement d'un processus qui s'insère parfaitement dans le grand mouvement d'expansion européo-américain des XIXe et XXe siècles pour peupler ou dominer les autres terres ».

Lanzmann avait raison.

Et l'on s'étonne, cinquante ans après, dans le tohu-bohu déclenché par cette nouvelle guerre de Gaza, de voir revenir cette scie.

Car Israël n'est pas un fait colonial pour la bonne et simple raison, d'abord, qu'il y a toujours eu des Juifs sur la terre de ce qu'est aujourd'hui l'Etat d'Israël. Toujours. Même à l'époque des Romains et de leur épuration ethnique, il y a toujours eu, là, sur ces collines et dans ces déserts, des autochtones juifs, descendants des contemporains du Second Temple, qui n'en avaient jamais bougé. Et les autres, tous les autres, ceux qui furent jetés sur les routes de l'exil, n'ont jamais laissé passer un jour sans réciter ce psaume, le Psaume 126, nostalgique et véhément, dont on ne savait pas s'il fallait le dire au passé ou au futur mais qui fut – cela, en revanche, est certain – le décor de l'histoire juive, de l'attente juive, de la souffrance juive, de l'espoir juif, pendant deux millénaires : « quand Yahvé ramènera les captifs de Sion, nous serons comme des rêveurs… notre bouche se remplira de rires, et notre langue, de joie… alors on dira parmi les peuples : il a fait de grandes choses, Yahvé, en agissant avec ceux-là… ramène, Yahvé, nos captifs, comme des ruisseaux dans le Néguev ! ceux qui sèment dans les larmes, ils récolteront dans la joie ! ». Des captifs ne sont pas des colons. Semer dans les larmes, récolter dans la joie, c'est la langue du rêve, pas celle de l'inféodation, de l'appropriation, de la conquête.

La deuxième raison pour laquelle Israël n'est pas, ne peut pas être, un fait colonial, c'est que, si ces autochtones juifs n'étaient évidemment pas constitués en nation au sens qu'a pris aujourd'hui le mot, les autochtones arabes ne l'étaient pas davantage. C'est un sujet qui a occupé les premiers sionistes. Et cela est notamment attesté par l'anecdote, rapportée par Martin Buber, de Max Nordau courant chez Theodor Herzl, affolé : « je viens d'apprendre, lui dit-il en substance, qu'il y a des Arabes en Palestine ; ne sommes-nous pas en train de faire tort à une autre nation ? ». La réalité, que savait Herzl, c'est que ce peuple qui s'appelait palestinien depuis que l'Empire romain avait donné ce nom, à la hâte, en souvenir des Philistins, à des communautés qui vivaient là, elles aussi, depuis toujours n'envisage aucunement, à cette date, de se constituer en nation. Et les représentants palestiniens au premier Congrès des associations musulmanes et chrétiennes s'étaient d'ailleurs, dix ans plus tôt, à Jérusalem, explicitement prononcés sur ce point : nous sommes, disaient-ils, « partie intégrante de la Syrie arabe dont nous n'avons jamais été séparés ».

Soit, objectent les ennemis d'Israël. Mais le nombre ? La proportion ? Les Palestiniens, qu'ils remontent aux Phéniciens, aux Philistins ou à d'autres, qu'ils se soient eux-mêmes perçus comme partie de la Syrie arabe ou pas, n'étaient-ils pas en nombre bien supérieur, écrasant ? Cela est vrai. Et nul ne le conteste. Mais il faut regarder l'état des choses en 1947, date de la résolution des Nations unies instaurant les deux Etats sur le territoire de la Palestine mandataire. Les autochtones juifs constituaient alors un tiers de la population sur l'ensemble de la terre à partager. Et, sur la portion qui leur revenait, ils étaient à peu près la moitié. Le point est décisif. Il y a, quand commence la querelle des deux nations, autant de Juifs que d'Arabes, autant d'autochtones juifs que d'autochtones arabes sur cette terre dont on nous explique que s'y est construit un « Etat colonial ». Et s'il est vrai que le flux migratoire s'accélère dans les années trente, ce n'est pas parce que l'Europe expédie ses Juifs en avant-garde d'on ne sait quel projet colonial, mais parce que les nazis sont en train de les anéantir et qu'ils se sauvent.

Vous faites, dit-on alors, comme s'il n'y avait qu'une sorte de colonialisme – celui de la France, par exemple, avec ses corps expéditionnaires, ses canons et ses canonnières s'emparant de l'Algérie. N'y a-t-il pas des colonisations plus lentes, plus subtiles, où l'on vole petit à petit la terre d'autrui ? Sans doute. Mais, dans la bouteille à l'encre qu'est le débat des historiens sur le conflit israélo-palestinien, il y a un point, un au moins, sur lequel tous s'accordent. La colonisation, c'est le vol. Or il n'y eut ni vol ni dol. Les terres acquises par les migrants non moins que par les autochtones juifs ne furent, sauf exception, pas ravies mais achetées. Elles firent même l'objet, tant sous le règne des Ottomans que sous celui, après 1920, des Britanniques, d'une spéculation foncière sans précédent et il n'était pas rare de voir une parcelle achetée quelques piastres et revendue, peu après, dix fois, vingt fois, ce prix. Et, s'il est vrai que les nouveaux propriétaires avaient un projet idéologique exigeant qu'ils labourent eux-mêmes leurs terres et se séparent des fermiers, métayers ou journaliers qui y travaillaient jusque-là, il n'est pas vrai que les terres constitutives du futur Israël aient été prises par la force ou au mépris de la loi.

Qu'en est-il, dans ce cas, de la guerre qui suivit la déclaration d'indépendance ? Ne fut-elle pas le théâtre de l'expulsion massive que les Palestiniens appellent « Naqba », où ils voient une réplique de la Shoah et qu'ont documentée, pour le coup, Tom Segev, Avi Shlaïm, Benny Morris et l'école des nouveaux historiens ? Là encore, il faut être précis. Ne pas oublier, d'abord, que cette guerre fut déclenchée par cinq armées arabes envahissant Israël, en mai 1948, sitôt les Britanniques partis. Et ne pas oublier non plus qu'il y eut, avant cela, les appels des autorités religieuses et politiques arabes à « combattre pour chaque pouce de leur pays » (le président du Haut Comité arabe), à verser « leur sang pour leur terre jusqu'à la dernière goutte » (le porte-parole du Haut-Commissaire arabe à l'ONU) et à mener (Azzam Pasha, secrétaire général de la Ligue arabe) « une guerre d'extermination », un « immense massacre » dont on parlera « autant que des massacres de Mongolie et des Croisades ». Mais, surtout, il faut être précis. Qu'il y ait eu des expulsions c'est certain : Benny Morris, celui des nouveaux historiens qui s'est penché avec le plus de scrupule sur la question, estime que 15 % des départs furent contraints. Des actes de violence commis par les armées juives et propres à semer la terreur, il y en eut aussi, comme, le 9 avril 1948, à Deir Yassin, avec ses 100 à 120 villageois morts. Mais l'essentiel des 700 000 départs vers le Liban, la Jordanie ou l'Egypte releva, de l'aveu même des chercheurs les plus acharnés à réviser le roman national sioniste, de deux logiques. La débâcle des civils qui, dans toutes les guerres du monde, quittent les zones de combat pour tenter de se mettre à l'abri. Et le phénomène propre à cette guerre-ci que furent, là encore, les appels des chefs de tribu locaux, des chefs d'Etat voisins ou du « Haut Commandement des volontaires arabes pour la libération de la Palestine » invitant au départ et promettant un prompt retour dans les fourgons des armées arabes victorieuses. Nul n'a le droit de minimiser la souffrance de familles arrachées à la terre où étaient nés leurs aïeux. Mais les mots ont un sens. Et ce n'est toujours pas, là, un arrachement, un départ, une logique de nature coloniale.

Et puis il y a une dernière raison qui fait que le lexique colonial est impropre à décrire la naissance d'Israël. Qui dit colonialisme dit métropole coloniale. Or la réalité c'est que la métropole, c'est-à-dire, en la circonstance, la Grande-Bretagne, s'opposa de toutes ses forces, ici comme ailleurs, à la dislocation de son empire. On pense toujours à la déclaration Balfour et à l'explosion de joie, dans les communautés juives du monde, lorsqu'on lut, en novembre 1917, sous la plume de l'ancien Premier ministre et Premier Lord de l'Amirauté devenu ministre des Affaires étrangères, ces mots incroyables : « Le gouvernement de Sa Majesté envisage favorablement l'établissement en Palestine d'un foyer national pour le peuple juif et fera tout ce qui est en son pouvoir pour faciliter la réalisation de cet objectif ». Mais l'on oublie que cette déclaration fut suivie, six semaines plus tard, d'une autre, signée du général Allenby, futur vainqueur de la bataille de Gaza et de Jérusalem : « la Palestine ne sera ni juive, ni arabe ; elle sera anglaise ». L'on oublie le contexte politique de l'événement, c'est-à-dire le moment où l'empire britannique cherche toutes les alliances possibles, juives ou arabes, arabes ou juives, pour vaincre l'empire ottoman rival. Et l'on oublie surtout que, dans la période suivante, après la chute finale des Ottomans, puis, en 1945, la capitulation de l'Allemagne, ce sont les gouvernements du bloc soviétique et les libéraux américains qui prônent l'établissement d'un État juif tandis que le gouvernement de Sa Majesté fait tout pour freiner l'immigration juive ; tout pour bloquer, quand il le peut, les achats de terres ; tout pour éteindre, en un mot, le feu que Balfour avait allumé.

Il faut lire les reportages de Joseph Kessel parus dans *France-Soir* à la fin de la guerre d'indépendance d'Israël.

L'on y voit une puissance mandataire qui ne fait aucun cadeau aux Juifs.

L'on y voit la Haganah et l'Irgoun menant, de leur côté, une guérilla acharnée.

Et l'on y découvre que les Britanniques, quand vient l'heure de la retraite, préfèrent donner leurs bases à la Légion arabe qui fut, soit dit en passant, commandée jusqu'au dernier moment par un officier anglais.

L'indépendance d'Israël s'inscrit dans un double contexte.

Celui du mouvement des nationalités dont il est le produit tard venu et décalé.

Mais aussi celui de l'histoire des empires – en sens inverse de ce que l'on dit toujours : Israël est le fruit d'une guerre d'émancipation, pas d'un établissement colonial ; sa naissance est un moment de l'histoire, non des empires, mais de leur dissolution ; et le sionisme n'est pas un impérialisme, mais un anti-impérialisme.

Telle est la réalité du sionisme, ce nouveau mot maudit.

Le voilà, le sionisme, regardé en face, et non pas rhabillé des frusques idéologiques de ses contempteurs.

Le sionisme, comme toutes les autres aventures juives, n'est pas venu pour gagner en puissance, puis dominer le monde – il fut la nouvelle équation de la survie d'un peuple qui rencontra là ni plus ni moins d'incompréhension, d'hostilité et de volonté exterminatrice que ce qu'il avait enduré sur les routes de la diaspora.

3.

Fascislamisme

Soit, objectent alors les antisionistes les plus acharnés.

Admettons que cette indépendance d'Israël ait été obtenue de vive force, et contre les empires.

Reste que, si elle fut bénie par le reste des nations, c'est parce qu'elles voyaient là une façon de réparer le crime de la Shoah.

Et la question, dans ce cas, devient : « pourquoi ici ? pourquoi cette terre ? ce crime commis par l'Allemagne, pourquoi l'avoir fait payer à la nation arabe ? pourquoi ne pas avoir créé Israël, par exemple, en Bavière ? »

L'énoncé même de la question fait fi, je le répète, de la présence millénaire des Juifs sur cette terre – je n'y reviens pas.

Mais elle en appelle à une pseudo-évidence dont je vois bien qu'elle ébranle, notamment dans la jeunesse, les âmes soucieuses d'équité et de justice – et il faut lui répondre sur le fond.

Il y a la réponse métaphysique : la Shoah fut-elle, oui ou non, un crime contre l'humanité ? Si oui, le propre d'un tel crime est qu'il vise l'homme dans son « espèce » (Robert Antelme), qu'il interroge sa possibilité d'être (*Si c'est un homme*, Primo Levi), qu'il provoque une « éclipse » de l'humain (Hannah Arendt) et qu'il y a une culpabilité « métaphysique » distincte, dira Karl Jaspers, dans *La Culpabilité allemande*, de la culpabilité « personnelle » de l'individu qui a commis le crime, de la culpabilité « politique » de l'État qui a donné l'ordre d'agir et de la culpabilité « morale » qui est affaire de conscience pour chacun – une culpabilité qui implique l'humanité commune et à laquelle nul homme ne peut, en conséquence, se dérober.

Mais il y a aussi une réponse parfaitement historique et concrète : si le projet nazi fut en effet conçu en Europe et si c'est un pays européen, l'Allemagne, qui mobilisa toutes les forces disponibles pour, partout où c'était possible, parvenir au but suprême qu'était l'extermination des Juifs, l'exécution du crime ne revint pas à la seule Allemagne ; elle impliqua d'autres acteurs, ailleurs, sur tous les continents ; et le monde arabe, ou arabo-musulman, en fut moins innocent qu'il ne le prétend…

C'est ici qu'intervient une autre catégorie de nouveaux historiens qui ne se sont pas constitués en école mais qui, en Allemagne (Matthias Küntzel), aux Etats-Unis (Jeffrey Herf) ou en Grande-Bretagne (David Motadel), ont travaillé sur les relations entre le nazisme et le monde arabo-musulman et ont établi trois faits.

1. L'existence, bien avant la guerre, d'un nazisme arabe dont la naissance des Frères musulmans est une illustration. Le nazisme, dit par exemple Hassan al-Banna, cofondateur de la Confrérie, n'est-il pas la grande nouveauté idéologique de notre époque ? N'est-il pas une réponse ferme et forte à la crise du modèle libéral que l'on voit partout en décadence ? Et pourquoi la nation arabe se priverait-elle des bienfaits que lui apportera une déclinaison régionale du modèle ? C'est dans cet esprit qu'il crée la Confrérie. C'est au nazisme qu'il pense quand, dans un éditorial de 1938, il exalte l'idéal d'une « industrie de la mort » arabe. C'est ce que la rue égyptienne entend quand, à la fin des années trente, elle voit ses Frères musulmans, forts de

leurs 200 000 membres, diffuser des versions arabes de *Mein Kampf* et des *Protocoles des sages de Sion*. Et c'est ce que le monde constate quand on voit les Frères participer, en chemise brune, aux violentes manifestations étudiantes de 1938 aux cris de « A bas les Juifs ! » et « Les Juifs hors d'Egypte et de Palestine ! ».

2. Le ralliement, après l'entrée en guerre, de toute une partie du monde arabe aux puissances de l'Axe en général et à l'Allemagne en particulier. Pas tout le monde arabe, bien sûr. Pas le Maroc, par exemple, avec son vertueux sultan, soutien déclaré des Alliés, promu Compagnon de la Libération dès 1945 et répondant à Vichy qui veut le voir imposer le port de l'étoile jaune aux 200 000 Juifs vivant dans le Protectorat : « il n'y a pas de Juifs au Maroc, il y a seulement des sujets marocains » et si, vraiment, vous l'exigez, prière de « prévoir 50 étoiles supplémentaires pour les membres de la famille royale ». Pas non plus les dizaines de milliers d'Arabes et de Berbères mobilisés dans les troupes de la France Libre (c'est avec ces tirailleurs tabors et goumiers que mon père escalada, en mai 1944, les derniers pitons du plus haut sommet du Monte Cassino). Et pas davantage les milliers de Palestiniens

enrôlés dans l'armée britannique (et luttant au coude à coude avec des frères d'armes juifs dans les « Palestine Infantry Companies » que formèrent, dès 1940, les Anglais et qui se battirent en Syrie, en Egypte et en Cyrénaïque). Mais on peut parler de ralliement à propos d'Antoun Saadé, admirateur du national-socialisme et fondant, sur cette base, un Parti social nationaliste syrien lié, aujourd'hui, au Hezbollah. Ou Zaki al-Arsouzi, autre admirateur du régime nazi qui inspire les deux branches du parti Baas qui vont régner, l'une, en Irak, jusqu'à la chute de Saddam Hussein et l'autre, en Syrie, jusqu'à Bachar al-Assad. Il y a la Libye, aussi, puisqu'elle est, comme la Somalie et l'Erythrée, sous domination italienne. Le parti Jeune Egypte dont on invite les leaders aux Congrès du parti nazi et même, pour certains, à des manœuvres de la Wehrmacht. Rachid Ali al-Gillani, Premier ministre irakien qui ira jusqu'à l'affrontement armé avec les Britanniques et qui, défait, fin mai 1941, à Bassorah, fuit à Berlin où Hitler le reconnaît comme le chef du gouvernement irakien en exil. A Bagdad encore, le mouvement de jeunesse Al-Futuwwa. Son homonyme palestinien, créé au même moment, dans le même esprit et avec la même idée, martelée sur toutes les radios, d'une régénération de la jeunesse arabe à l'école de l'hitlérisme. D'autres mouvements de jeunesse, beaucoup d'autres, surgis d'un étrange bouillon de culture où se mêlent un anti-occidentalisme se réclamant d'Heidegger, un culte du surhomme venu d'un nietzschéisme mal digéré et l'idée qu'Adolf Hitler est le modèle du « grand aventurier » capable de chevaucher l'Histoire, de la façonner et, au passage, de débarrasser le monde de l'impérialisme anglo-saxon. Les radios de propagande allemande en Egypte ne présentent-elles pas le Führer comme un autre Mahomet ? Et sa *Volksgemeinschaft*, sa communauté de peuple, forgée dans le fer et le feu, comme un analogue de l'Oumma ?

3. Et puis il y a Amin al-Husseini, Grand Mufti de Jérusalem. Son histoire est mieux connue. Mais sait-on qu'il fut nommé à ce poste par les Anglais au lendemain des pogroms de 1920 qu'il avait en partie organisés ? Mesure-t-on la déception des Juifs qui avaient été éblouis, comme des phalènes, par les feux de la déclaration Balfour et qui se brûlent, maintenant, à son illusion ? Et voit-on surtout la radicalité de la conversion de cet homme au visage rêveur qui ne déparait sans

doute pas dans les délires *racés* de ces nazis dont il devint l'ami ? Installation, dès 1941, au sud de Berlin, à Zeesen, d'où il radiodiffuse dans tout le Proche-Orient ses diatribes antijuives. Influence possible sur Himmler qu'il semble avoir dissuadé d'échanger, en 1943, 20 000 prisonniers allemands contre 5 000 enfants juifs émigrant en Palestine. Rencontre avec Hitler qu'il prétendra, dans ses Mémoires, avoir également conseillé. Confirmation de ce rôle par l'adjoint d'Adolf Eichmann, Dieter Wisliceny, déclarant au procès de Nuremberg que « le Grand Mufti, qui a vécu à Berlin à partir de 1941, a joué un rôle d'une importance non négligeable dans la décision du gouvernement allemand d'exterminer les Juifs d'Europe ». Connaissance assez exacte, en tout cas, de ce que le Reich entend par « solution finale » quand il déclare, en novembre 1943, que l'Allemagne « a su démasquer les Juifs et décidé de trouver une solution définitive au danger juif ». Comparaison, à Francfort, la même année, des Juifs à « des insectes porteurs d'une maladie ». Et recrutement d'une unité SS qui, postée à Athènes, est censée, en cas de victoire de Rommel en Egypte, foncer sur la Palestine et liquider l'embryon d'Etat des Juifs.

Que cette division soit restée l'arme au pied ne change rien à l'intention.

Mais que l'Opinion arabe en général et palestinienne en particulier ignore cette page sombre de son histoire, que cette partie du monde soit la seule à n'avoir jamais reconnu, documenté et enseigné sa participation au crime des crimes, que Yasser Arafat par exemple ait continué, jusqu'à la fin, de se réclamer du Mufti, en dit long sur la vitalité inconsciente, dans la durée, de ce nazisme impensé.

Il y a eu un nazisme arabe.

Cette région du monde a été, elle aussi, traversée par l'affrontement entre nazisme et antinazisme.

Crime mondial, autrement dit, n'est pas un vain mot ni crime contre l'humanité seulement une formule de juriste ou de moraliste.

C'est tout cela qui réduit à néant le mythe d'une Palestine innocente à laquelle l'on imposerait de réparer le crime de la Shoah.

4.

Qui était le gardien de son frère à Gaza ?

Mais voici la question la plus difficile.

Elle n'est pas, celle-là, une question d'histoire mais une question d'aujourd'hui.

C'est la question des morts civiles de Gaza et, parmi ces morts, celle des enfants.

Je ne vais pas me dérober.

Ni dire qu'il n'y a « pas de mots » pour pareille abomination.

Ni que, face à ce scandale qu'est, toujours, la mort des civils et des enfants, les mots s'étiolent, meurent aussi et tombent dans le gouffre de la parole impossible.

Je ne veux pas non plus entrer dans la querelle des chiffres même si, venus du ministère de la Santé du Hamas, ils sont nécessairement douteux et ne font pas la part, de surcroît, des combattants déguisés en civils et des civils frappés comme s'ils étaient des combattants.

Car un mort est un mort.

Une mort civile est une mort civile.

Et, entre tous les scandales que sont chacune de ces morts, il n'en est pas de plus grand, pour moi comme pour quiconque a été père, ou mère, ou a songé à l'être, que la mort d'un enfant qui aurait pu être le sien : le scandale de la mort des enfants est le scandale des scandales ; c'est le scandale du monde depuis qu'il y a un monde ; c'est, d'Athènes à Jérusalem et à l'Inde du prince Siddhārtha Gautama, le scandale métaphysique absolu.

J'ai dit cela en Bosnie.

Je l'ai dit au Darfour et en Angola.

Je l'ai dit, il y a très exactement cinquante ans, à Maalot, dans le nord d'Israël, où vingt-deux écoliers pris en otage furent exécutés à la grenade par un groupe terroriste qui n'était pas le Hamas.

Je l'ai redit, le 7 octobre, quand il s'est agi du Hamas et qu'il n'a pas fait de différence entre les adultes et les enfants.

Et je n'ai cessé de clamer, sur tous les tons, toute ma vie, que se faire à ce scandale, considérer la mort d'un enfant comme une nécessité fonctionnelle, une donnée statistique, un détail, c'est penser en barbare.

Eh bien, je pense la même chose chaque fois que m'arrive de Gaza, sur les réseaux sociaux, l'image d'un petit corps sans vie tiré hors des décombres par son père ou sa mère – ou par un inconnu qui lui tient lieu de père et de mère, quand eux non plus ne sont plus.

Et je ne le pense pas moins quand il est tombé, ce petit corps, sous une balle, ou une bombe, ou un obus, tirés par un descendant des âmes pures des shtetls que la folie nazie, il y a presque cent ans, a épargnées et dont les corps n'ont pas été gazés et carbonisés.

Il fallait que cela fût dit.

Il fallait que cela fût clair.

Et je n'ai pas de leçon à recevoir, sur le sujet, de ceux qui n'ont pas pleuré avec moi les enfants gazés par Bachar al-Assad à Damas, les enfants noyés de Lampedusa, les enfants saignés à blanc du Yémen, du Nigeria ou de Mogadiscio – je passe, c'est trop facile.

Mais ce que je veux dire, en revanche, c'est ceci – et avec la plus grande force.

Même si la responsabilité pour l'autre homme est un principe universel et si, face à l'inhumanité dont Gaza est le théâtre, nul ne peut décemment s'en exempter, la responsabilité de ces morts d'enfants ne revient pas d'abord à Israël mais à ceux qui s'en sont fait des boucliers.

Elle n'incombe pas aux petits-enfants des rescapés d'Auschwitz dont les témoignages ont ouvert la conscience universelle à ce scandale de la mort des enfants, mais aux terroristes qui, après des années passées à persécuter et embrigader leurs enfants, militariser et arraisonner leurs parents, leur imposer une Charia chaque jour moins spirituelle et chaque jour plus sadique, pétrir leur peuple comme une pâte ou, mieux, comme un métal dont ils allaient faire une bombe destinée à Israël et très exactement calculée pour le faire voler en éclats – elle revient aux combattants en civil qui ont installé leurs dépôts d'armes et leurs réserves de munitions, leurs casernes et leurs centres de commandement, leurs aires de tir et leurs terrains d'entraînement, à la porte des mosquées, au cœur des hôpitaux et des écoles ou à l'entrée des tunnels creusés dans les zones les plus peuplées de ce Léviathan minuscule qu'était devenu Gaza.

Elle est, cette responsabilité, à la charge de ceux qui, lorsque Israël donna aux familles de Gaza City un délai de 24 heures, étendu à deux jours, puis trois, puis une semaine, avant d'intensifier ses frappes sur les bases d'où étaient partis les pogromistes qui venaient d'égorger ses propres enfants, ont fait la sourde oreille ; interdit que l'on entende l'ultimatum ; placé des pick-up à l'entrée de la route Salah al-Din qu'Israël ouvrait plusieurs heures par jour pour permettre les évacuations ; ou carrément ouvert le feu sur ceux qui prenaient le risque de leur désobéir et qui, dans certains cas, la chose est documentée, durent être escortés et protégés par une unité israélienne.

Et j'ajoute que, si partage il doit y avoir, s'il y a quelqu'un qui porte avec le Hamas une part écrasante de cette responsabilité ce sont les fonctionnaires onusiens qui ont renchéri en disant : « ces évacuations sont un piège ! ces corridors ouverts pour permettre aux non-combattants de trouver un abri précaire, mais un abri tout de même, sont des voies sans issue ! Israël s'en défend mais prépare une évacuation sans retour, une épuration ethnique qui ne dit pas son nom, une deuxième Naqba » – ces gens ont sur les mains le sang des malheureux qui les ont entendus, qui les ont crus et qui étaient restés quand la bombe est tombée.

Je sais qu'il y a sans doute eu des jeunes soldats, presque des enfants eux aussi, qui, au moment d'entrer dans un quartier qui avait une chance sur deux d'être miné, ont manqué de sang-froid, tiré dans la panique et tué des citadins désarmés quand ce ne fut pas – cela s'est vu… – des otages qui les attendaient comme leurs sauveurs.

Je ne crois pas que Tsahal ait été constamment exemplaire et qu'il n'y ait pas eu, sur le terrain, des fautes dont aura à connaître la justice, la vraie, je veux dire la justice militaire et civile israélienne qui seule aura les pièces en mains et seule, surtout, est implacable avec la mort des enfants.

Et peut-être sont-ils plus nombreux qu'on ne le pense, les stratèges, les tacticiens, les chefs d'état-major ou de terrain qui, comme l'a récemment insinué une journaliste israélienne interviewant Netanyahu, peinent à dormir la nuit et se demandent s'ils ont toujours, en toute circonstance, bien agi et bien pensé : le nombre des bombardements ? leur rythme ? le pilotage des tirs par l'intelligence artificielle ? le ciblage par les algorithmes ? et, maintenant, tandis que ce livre s'achève, la perspective d'une bataille à Rafah, au sud, où sont réfugiés plus d'un million de civils ? tout cela me trouble, évidemment ; ces images, quand on en a les images, me hantent ; peut-être les hantent-elles aussi.

Mais il y a un point qui ne souffre ni « sans doute » ni « peut-être » car c'est une certitude.

Cette guerre est une guerre atroce que les Israéliens n'ont pas voulue.

Leur ennemi est un ennemi terrible dont le vœu proclamé est de pouvoir afficher, non seulement le plus grand nombre possible de morts juives, mais, dans son propre camp, le plus grand nombre possible de martyrs.

Ces combattants hybrides qui se terrent dans des tunnels où ils se gardent bien de mettre les leurs à l'abri, puis qui remontent au pied des immeubles où sont les femmes, les hommes, les enfants, s'exposent aux soldats de Tsahal comme pour leur dire : « tue-moi, si tu le peux ; mais tue-les, eux, avec moi ; car tu tueras des enfants et, en tuant des enfants, tu seras renvoyé dans le scandale du monde ».

Eh bien, pris dans ce piège, les Israéliens n'avaient qu'un choix.

Soit reculer d'effroi devant les boucliers humains : je préfère ne pas… je m'abstiens… j'arrête tout…

Soit savoir que, ce faisant, ils donneraient la victoire au Hamas et qu'ils n'en ont ni le droit ni, hélas, les moyens : Israël, dit le dicton, peut gagner beaucoup de guerres mais il n'en perdra qu'une – la dernière…

Après quoi, il ne reste qu'une option.

Gagner, hélas.

Gagner, parce que c'est un devoir.

Mais gagner en prenant toutes les précautions qu'il est militairement possible de prendre – ce que, je crois, Israël a fait.

Dans aucune autre guerre au monde l'on n'a vu autant de salles de commandement où de jeunes officiers fiévreux, les yeux rivés sur un écran, suivent la trajectoire du missile qu'ils ont lancé, guettent l'apparition dans le cadre d'une ombre, d'une forme, d'une silhouette et ont alors quelques secondes, souvent moins, pour en détourner la course et le faire atterrir dans le champ ou la ruine voisine – alors on entend une voix de robot qui dit : « diverted missile »…

Dans aucune autre guerre l'on n'a vu une armée, alors que l'ultimatum a expiré, lâcher sur la position qu'elle va frapper une pluie de tracts en langue arabe, de sms, de coups de téléphone, d'obus vides largués par des drones, qui, au risque de laisser aux combattants le temps de fuir et de se mettre eux-mêmes à couvert, donnent aux derniers occupants un répit pour quitter les lieux.

Et jamais non plus, dans aucune autre guerre, l'on n'a vu officier l'équivalent du MAG, cette unité de légistes chargés de vérifier, depuis un bunker de Tel Aviv ou parfois, en temps réel, à l'intérieur de l'unité opérationnelle, si l'ordre donné est conforme au principe de proportionnalité exigé par le droit de la guerre et par le droit, en particulier, dont s'est dotée l'armée d'Israël.

Car toutes les armées civilisées ont un code de cette sorte.

L'armée américaine vient tout juste, d'ailleurs, de rafraîchir le sien.

Mais je n'en connais pas de plus exigeant que le *Tohar HaNeshek*, la Pureté des armes, codifié par les pionniers d'Israël.

Et je ne sache pas qu'Israël ait attendu que les amis qui lui veulent du bien, les alliés qui le laissent seul en première ligne de ce combat qui les concerne aussi et, à plus forte raison, ses ennemis l'assaillent de pressions, adjurations, objurgations, pour, aujourd'hui comme hier, tenter de rester fidèle à ses prescriptions.

C'est pourquoi il faut le redire, encore et encore, contre les évangélistes de la théologie de la réprobation en train de remplacer, partout, la théologie de la libération.

La mort des civils de Gaza n'est pas un massacre.

C'est encore moins un génocide.

Et prétendre le contraire, confondre les soldats de Tsahal avec des nazis éduqués à la pure haine et anéantissant des populations désarmées, ne pas faire la différence entre le soldat hébreu qui tue un innocent sans l'avoir visé et le SS qui enfermait les enfants dans des wagons à bestiaux pour les gazer à l'arrivée, ne plus être capable de voir ce qui distingue un tir mal ajusté et un meurtre méthodique et froid, hurler « Tsahal fasciste » et « Biden complice », noyer Israël dans le nuage méphitique qui couvre la terre de son ombre depuis le massacre des enfants juifs de la Shoah, cela est contraire aux faits, cela est contraire au vrai – c'est un outrage aux victimes d'hier, un affront à celles d'aujourd'hui, un cadeau fait aux tueurs d'enfants du Hamas et un ajout au malheur du monde.

5.

Si je t'oublie, âme juive

Un dernier mot à l'intention de ceux à qui importe le Nom d'Israël.

Il y a une glose de Rachi qui, depuis *Le Testament de Dieu*, m'intrigue.

Il se demande pourquoi la Torah ne s'ouvre pas directement au « chapitre 12 de l'Exode », là où le verset énonce : « ce mois-ci est, pour vous, le commencement des mois ».

Il évoque, plus exactement, Rabbi Isaac, son père, à qui il fait dire en substance : quel besoin avait Elohim, au lieu de commencer par l'Alliance qu'il a nouée avec son peuple, de nous raconter par le menu ces histoires de nuit et de lumière, de terre et de ciel, de souffle planant sur la face des eaux, de tohu, de bohu, quel besoin de nous impressionner avec la « puissance de ses actes » ?

Et il répond – avec cette subtilité qui fait de lui le plus juif des génies français et le plus français des génies juifs – ceci. Imaginez qu'il prenne aux « nations du monde » l'envie de venir dire, un jour, aux Hébreux : « vous êtes des voleurs, c'est par la force que vous avez conquis la terre des peuples de Canaan ». Les Hébreux seront fondés à répondre alors : « toute la terre » était au « Saint béni soit-il », c'est lui qui l'a créée et c'est lui qui, « par un acte de sa volonté », on dirait aujourd'hui avec son plein discernement, « l'a donnée à qui il était droit, à ses yeux, de la donner ».

Mais il y a une autre glose du même Rachi, en marge du verset du Lévitique où les Hébreux nouvellement installés sur la terre qui vient de leur être attribuée, se voient menacés, comme ils ne cesseront de l'être par tous les prophètes, d'être « vomis » par cette terre ainsi que le furent les peuples qui l'ont habitée avant eux.

Rachi dit, très précisément, que cette terre est semblable à « un prince à qui l'on aura fait manger un aliment dégoûtant » et dont l'estomac délicat « ne pourrait conserver dans ses entrailles » pareille sanie.

Et il conclut – à moins que ce ne soit moi – de cette double glose ceci. Cette terre a été donnée, bien sûr, au peuple juif ; mais sous condition de ne pas ressembler aux Cananéens et de ne pas reproduire leurs terribles erreurs – elle leur a été donnée avec un ordre de mission, presque une feuille de route : ne pas être un peuple tout à fait comme les autres, ne pas y construire une nation qui ressemble à toutes les autres nations, y vivre à la hauteur de la tâche qui lui a été confiée et qu'il est le seul de tous les peuples à avoir acceptée.

Si j'évoque ces souvenirs bibliques ce n'est pas seulement à cause du caractère prémonitoire d'une glose qui nous dit que les Turcs d'Erdogan, les Iraniens de Khamenei, les Algériens de Tebboune et les *undergraduates* d'Harvard ne sont pas les premiers à traiter les Juifs de voleurs de terre et à prendre le parti des éternels Cananéens – mais c'est parce que ces questions étaient au cœur du sionisme naissant et des débats qui l'agitèrent.

D'un côté, il y avait ceux qui ne voyaient aucune raison d'imposer à la nation juive ressuscitée de contraintes particulières ; ils n'avaient nulle envie de se montrer, retour à Canaan, particulièrement exceptionnels ; et, comme David

Ben Gourion, ils étaient tellement exaspérés à l'idée d'avoir à montrer patte blanche aux autres nations qu'ils allaient jusqu'à dire : « je serai fier d'Israël le jour où il aura aussi, comme tous les Etats du monde, ses putes, ses escrocs, ses gangsters ».

Mais, face à eux, il y avait d'autres sionistes et, en vérité, souvent les mêmes qui, dans leur âme secrète, leur âme pionnière et poète, leur âme de rêveurs qui avaient passé leur enfance, dans un shtetl ou un ghetto, à se souvenir du Psaume 126 et à bénir le blé, l'orge et le levain qu'ils venaient de manger – il y avait un autre sionisme qui n'était pas certain que cela valait la peine de rassembler le peuple juif, de ressusciter sa langue et de faire l'immense effort de fleurir les déserts si c'était pour faire juste une nation de plus, juste un Etat de plus, juste un autre monstre froid semblable à tous les monstres froids.

Un Etat refuge, bien sûr, où les plus vieux persécutés du monde aient le droit de vivre sans y être esclaves, serfs, moujiks, sous-hommes et intouchables redoutant, à tout moment, le surgissement du poignard ou de la fourche qui vous crèvera le ventre.

Un Etat pour les survivants de la Shoah, évidemment, où l'on ne soit plus cet être-pour-la-mort, cet être-pour-le-massacre, cet agneau sur l'étal du boucher et, à la fin, cette chair d'enfant partie, dans les crématoires, en cendres et en fumée.

Mais aussi, songeaient ces sionistes-ci, un Etat qui, tant qu'à faire, quitte à avoir tant tardé et être le dernier venu dans le concert des Etats portés par le grand vent de la Révolution française, quitte à être l'un des ultimes surgeons du grand tournant national qui vit tous les peuples du monde songer à s'émanciper des rois et des empires, profiterait du contretemps pour échapper, lui, aux maladies infantiles des nations.

L'arrogance, par exemple.

L'autosatisfaction de qui se sent tous les droits et celui, notamment, de dire aux peuples qui l'entourent ou qui habitent avec lui : cette terre est à moi, sans conditions à moi, pousse-toi de là que je m'y mette.

Le chauvinisme, si l'on préfère, que ce drôle de Juif qu'était Romain Gary avait si bien caractérisé dans sa formule : le patriotisme, c'est l'amour des siens ; le chauvinisme, le nationalisme, c'est la haine des autres.

Pourquoi, en un mot, ne pas faire un Etat juif, tout simplement juif, où l'on soit « étranger et résident », chez soi et comme en visite ? pourquoi, comme le recommandait Rachi, ne pas essayer, une fois la terre reçue, de l'habiter avec légèreté, de la sanctifier sans la sacraliser et de s'y tenir comme un hôte qui a reçu pour mission d'y semer et d'y récolter, mais en laissant aux arbres le besoin d'y avoir des racines ?

Ah si l'on avait demandé cela à toutes les nations du monde !

A la nation juive renaissante, cela fut demandé – et elle l'a fait.

Si je confronte, maintenant, l'Israël réel d'aujourd'hui à ce projet des origines, qu'en est-il ? et l'Etat des Juifs se tient-il à son programme ?

Je vois bien, au gouvernement, des hommes dont le nom m'écorche la langue : l'un se définit comme un « fasciste homophobe » encourageant les « expéditions punitives » dans les villes de Cisjordanie et prêchant l'« émigration », après la guerre, de tous les Gazaouis ; l'autre se dit kahaniste, pas cananéen, kahaniste, disciple du rabbin Meir Kahane qui, avant de voir son parti interdit, en 1994, pour terrorisme et racisme, prônait le retrait du droit de vote aux Arabes israéliens, puis leur expulsion du pays.

Je vois un Premier ministre qui, peut-être pour leur complaire, peut-être pour des raisons de basse politique ou peut-être, hélas, parce qu'il s'est engagé dans le mandat de trop et a perdu sa boussole juive s'obstinait, avant la guerre, à brader un système judiciaire qui faisait la fierté d'Israël : avec ses scrupules et ses incertitudes, avec le renouvellement, l'approfondissement et l'invention permanente de ses lois, avec les limites qu'elle met à l'*ubris* des hommes cyniques, la démocratie ne demeure-t-elle pas la moins mauvaise traduction profane de l'adjuration faite au peuple d'Israël de demeurer un peuple juste ?

Je vois des activistes juifs qui, dans le brouillard de la guerre, poursuivent les implantations, les vraies, celles qui minent, en Cisjordanie, l'Etat palestinien d'un seul tenant, viable, auquel il faudra bien se résoudre, un jour, si l'on veut habiter la terre ainsi que le recommandait Rachi – et, aussi, faire la paix.

Je vois des Juifs d'Israël et d'Europe qui, ulcérés par les assauts dont ils sont l'objet, harassés par leur vertigineuse solitude, écoutent de mauvais bergers qui les exhortent : « il faut en finir avec le monde des hommes doux qui vous a si mal rétribués pour avoir, en deux ou trois vies d'hommes, fait revivre la flamme qui alluma le feu de trois des plus grandes civilisations du monde ». Je les connais, ces mauvais conseilleurs. Je sais que leur est absolument opposée la grâce qu'il y a dans la traversée juive du monde. Et j'aimerais tant convaincre ceux tentés de leur succomber que l'histoire d'Israël, l'expérience politique d'Israël, l'aventure de ses généraux et de ses rois, la gloire de Gédéon et celle de Menahem (Begin), les rêves de Josué mais aussi de Shimon (Peres), de Yitzhak (Rabin ou Shamir peu importe), d'Ehud (Barak) ou de Golda (Meir) sont la négation radicale, infranchissable, définitive du chauvinisme et du populisme qui gagnent dans le monde.

Fais-nous un veau d'or, demandaient les tribus d'Israël ; fais-nous un dieu qui marche devant nous ; fais-nous une idole qui nous dispense, tous et chacun, de l'effort de penser : ainsi parlent, aujourd'hui, ceux des Juifs qui songent à confier leur âme aux faux amis du peuple.

Ramène-nous en Egypte, gronde l'assemblée des tribus d'Israël à l'adresse de Moïse et Aaron, car au moins étions-nous assis « près des pots de viande » et « mangions-nous du pain à satiété » : ce côté suiveur et viandard, égaré et repu, qui est la tentation de tous les peuples, n'est-ce pas une menace pour ce nouveau vieux peuple que veut être Israël ?

Les prophètes ne se trompaient pas quand ils disaient l'effort insensé qu'il faut pour faire un peuple.

Ils savaient que rien n'est plus rétif à l'intelligence, à la vérité, à la transcendance, qu'un peuple, n'importe quel peuple, y compris celui d'Israël.

Ils savaient que la pensée juive est une fontaine de sens dont pas une goutte ne doit être perdue, dont chaque perle est la plus rare des essences et le plus précieux des nectars, mais que les Juifs eux-mêmes, parfois, ne veulent plus y boire.

Et je vois bien qu'ils existent, aujourd'hui, les Juifs qui se déchargeraient bien, s'ils le pouvaient, de la grandeur d'Israël.

Après, je vois le reste.

Oh ! pas « le reste d'Israël ».

Pas ce reste qui, dans la Bible, demeure quand la récolte est gâchée et que tout semble perdu.

Non.

Je vois ces jeunes et moins jeunes soldats si braves, à la frontière nord, dans la stoïque attente du feu promis par le Hezbollah.

Je vois ce peuple rassemblé autour de ses otages : ils sont là, unis comme au premier jour, ceux qui ont retrouvé les leurs et ceux qui ont perdu espoir ; ceux qui savent qu'ils ne reviendront plus mais qui, le deuil passé, viennent en renfort de ceux qui attendent encore ; ils sont là, tendus et graves, échangeant de maigres nouvelles et tentant d'imaginer le reste : la saleté… la vermine… se nourrit-il… ? dort-elle… ? la même gamelle pour se laver et manger… la boue du tunnel ou, au contraire, son sol glacé et net… un vieux journal pour seule lecture… des gardes fanfarons qui jouent à leur faire peur… Ils sont tous là et tous d'accord sur ce point de doctrine juive : rien ne vaut une vie ; aucune considération politique ou géopolitique, aucun calcul politicien ou géopoliticien, ne peut ni ne doit faire obstacle à l'impérieuse obligation de ramener les captifs à la vie.

Je marche dans Tel Aviv pétrifiée et déserte – mais encore si vibrante avec sa société composée de séfarades et d'ashkénazes, de start-upers ultra-modernes et d'ultra-archaïques, d'âmes religieuses venues de Pologne et de laïcs mi-ukrainiens et mi-californiens, d'Arabes israéliens, de Noirs israéliens, de Druzes.

J'irai demain, à Jérusalem, voir les rabbins et les popes, les moines arméniens et les religieuses catholiques, les jeunes gens studieux en chapeau noir, les hassidim sans âge enveloppés de fourrure malgré la chaleur – valse d'hommes qui tournoient dans le paysage de collines et qui, quand sort, par les fenêtres ouvertes des yeshivot, la grande rumeur du Livre qu'on ne se lasse pas de questionner, ne savent plus ni où ils sont, ni avec qui, ni dans quel temps ; tout ce qu'ils savent c'est qu'ils ont reçu une terre, qu'ils ont à y faire des ouvrages, à y transformer des étendues arides en jardins et qu'une chose, une seule, leur est interdite – l'assurance, la suffisance, qui sont le cancer de la peau des nations.

Et puis je retournerai dans les kibboutz : le peuple des pionniers qui avaient fait le voyage en enfer jusqu'à son dernier cercle… les médecins, les juristes, les intellectuels, les ingénieurs qui, après les travaux des champs, retournaient, dans l'allégresse, à leurs bibliothèques, leurs binocles et, tel Amos Oz, leurs histoires d'amour et de ténèbres… et puis l'horreur, le carnage, porte à porte, un à un, la cavalcade des pogromistes… et, comme le petit garçon de la photo de Roman Vishniac scrutant le coin de l'immeuble pour dire si la voie est libre et si les assassins sont vraiment partis, les survivants du 7 octobre qui commencent de revenir…

Je l'aime, ce peuple-monde, coincé sur la minuscule bande de terre qu'a fini par lui consentir, il y a trois quarts de siècle, un Occident et un monde dégoulinants de tout le sang juif versé dans le torrent des siècles.

J'aime que, face au cadeau empoisonné que peut toujours être une nation, face à cette pomme à l'arsenic qu'il a, telle Blanche-Neige, reçue des reines et rois pensant être ainsi quittes de siècles de persécution, il ait conservé ce grand art d'en siphonner la substance mortelle et, à la façon des cracheurs de feu, parfois *in extremis*, de la rejeter loin de lui.

Et j'aime ce miracle d'endurance et d'intelligence, de lucidité et de bonté : alors que, comme au premier jour, exactement comme au premier jour, il entend ses voisins hurler à la mort, il reste, dans sa majorité, fidèle à ses principes fondateurs et encore prêt à la paix le jour où les autres le seront aussi.

C'est un sionisme vivant, celui-là.

C'est un sionisme radieux, lumineux, exemplaire.

Peut-être est-il moins majoritaire, depuis le temps, que je ne le crois.

Mais il est exemplaire parce que, malgré les guerres, malgré les coups reçus et donnés, malgré les efforts faits pour le pestiférer, il reste vissé au commandement abrahamique : « cette maison que nous avons bâtie » doit continuer d'être « une maison de prière pour tous les peuples ».

Que celui qui hait cela le dise.

Il dira seulement qu'il haïssait les hommes.

Longtemps les Juifs exilés ont psalmodié, leur harpe pendue aux arbres en signe de tristesse : « si je t'oublie, Jérusalem, que ma main se dessèche ».

Aujourd'hui c'est peut-être aux Juifs d'Israël de chanter : si je t'oublie, âme juive…

Si je t'oublie, sainte voix qui dit que sauver une vie vaut mieux qu'observer tous les Shabbat du monde…

Si je t'oublie, âme d'un peuple qui a toujours mis l'esprit au-dessus de la foi et la lettre au-dessus de l'esprit…

Si je t'oublie, irrémédiable et noble fragilité (car l'esprit est fragile, car l'intelligence est fragile, car l'humanité est fragile) qui n'est pas le contraire de la force mais interdit à celle-ci d'être barbare…

Si je t'oublie, être-juif qui a surmonté tant d'épreuves, survécu à tant de massacres et n'a jamais perdu ni son détachement devant les puissances ni son ironie devant les grandeurs…

Si je t'oublie, solitude juive, l'autre, la vraie, celle qui faisait qu'Abraham, le Juste et le premier des Adams, se tenait, dit le Midrach, sur la rive du fleuve tandis que les autres, les peuples de l'Histoire, se tenaient sur l'autre rive…

Si je vous oublie, Ravs admirables qui, au pied des gibets, puis des bûchers de l'Inquisition, puis à l'entrée des chambres à gaz, n'avez jamais cessé de témoigner que l'on peut être dans l'Histoire sans y être, dans le temps et au-delà du temps, car il y a un autrement qu'être…

Si je t'oublie, exception juive qui voulut, de toutes ses forces, ne se confondre point avec les nations…

Si je t'oublie, responsabilité juive écrite dans le Talmud quand il énonce : tous les Juifs sont les garants les uns des autres et les garants des autres hommes…

Si je t'oublie, hyper-responsabilité juive qui a fait dire à une grande Première ministre juive :

plus impardonnable encore que le meurtre des enfants d'Israël est de forcer Israël à tuer les enfants de ses meurtriers…

Si je t'oublie, humanisme juif…

Si je t'oublie, espoir maintenant selon Benny Lévy amenant Sartre au judaïsme…

Si je t'oublie, Adam, le nom de l'homme, qui as survécu aux vagues du temps qui, comme la mer, efface tout…

Si je t'oublie, promesse, encore et toujours rappelée aux hommes qui ne naissent, ne vivent, ne meurent qu'un temps…

Ce jour n'est pas venu.

L'âme, l'esprit et le génie du judaïsme tiennent bon dans la tourmente.

Mais qu'on les oublie et c'est, non la main, mais le cœur d'Israël qui se desséchera.

Page 23. *« … il existe une analyse de la BBC… »*
https://www.bbc.com/news/world-middle-east-67480680
Page 25. *« … car il y avait des hôtels de luxe à Gaza… »*
• Slate, 28 juillet 2011
• https://www.theguardian.com/world/2011/aug/08/gaza-first-five-star-hotel
Page 42. *« … cette longue enquête du* New York Times… *»*
https://www.nytimes.com/2023/12/28/world/middleeast/oct-7-attacks-hamas-israel-sexual-violence.html
Page 44. *« … maman ! j'ai dépecé deux Juifs ! trois !.. »*
https://globalnews.ca/news/10046530/israel-call-your-son-killed-jews/
Page 51. *« L'Iran commença par nier… »*
• https://www.lopinion.fr/international/le-chef-du-hezbollah-a-rencontre-des-dirigeants-du-hamas-et-du-djihad-islamique
• https://www.watson.ch/fr/international/isra%c3%abl/630651190-un-ministre-iranien-avoue-avoir-aide-le-hamas
• https://www.aa.com.tr/fr/monde/le-vice-ministre-iranien-des-affaires-%C3%A9trang%C3%A8res-rencontre-une-d%C3%A9l%C3%A9gation-du-hamas-%C3%A0-moscou-/3034496
• https://www.challenges.fr/top-news/le-chef-du-hamas-a-rencontre-le-guide-supreme-iranien-hamas_872974
• https://www.courrierinternational.com/article/vu-des-etats-unis-operation-du-hamas-la-main-in-visible-de-l-iran
• https://www.wsj.com/world/middle-east/hamas-fighters-trained-in-iran-before-oct-7-attacks-e2a8dbb9
Page 53. *« … ce moment redoutable mais, pour elle, la Chine, béni… »*

https://fr.timesofisrael.com/chine-depuis-le-massacre-du-7-octobre-au-hamas-lantisemitisme-a-explose-en-ligne/
Page 54. *« … le clou, ce fut Poutine… »*
https://www.watson.ch/fr/international/guerre/733655863-poutine-aurait-vendu-des-armes-au-hamas-et-accuse-l-ukraine
Page 61. *« … sur la réalité des faits… »*
https://www.mediapart.fr/journal/international/211123/l-operation-du-7-octobre-ne-vise-pas-seulement-tuer-mais-filmer-les-tueries-et-les-atrocites
Page 63. *« … on vit une conseillère… »*
• https://www.thejc.com/news/uk/deep-concern-over-anti-israel-culture-at-foreign-office-ykrgqr0o
• https://unherd.com/2023/11/metoo-unless-youre-a-jew/
Page 65. *« … Rashida Tlaib, représentante du Michigan… »*
• https://www.courrierinternational.com/article/etats-unis-rashida-tlaib-porte-voix-des-palestiniens-au-congres-de-washington
• https://www.i24news.tv/fr/actu/israel-en-guerre/1700051674-rashida-tlaib-fait-partie-d-un-groupe-secret-sur-les-reseaux-qui-glorifie-le-hamas
Page 67. *« … la Croix-Rouge montra la voie… »*
https://nypost.com/2023/11/27/news/daughter-of-critically-ill-freed-hostage-rips-red-cross-medically-neglected/
Page 71. *« … rapporteuse spéciale sur la situation des droits de l'homme dans les territoires palestiniens occupés… »*
https://www.i24news.tv/fr/actu/israel-en-guerre/1702547743-un-acte-de-resistance-illegitime-ne-delegitime-pas-la-resistance-declare-le-rapporteur-special-de-l-onu-a-i24news
Page 71. *« … voir sa responsable adjointe, Sarah Douglas… »*
https://www.wsj.com/articles/united-nations-hamas-israel-gaza-alice-wairimu-nderitu-sarah-douglas-cindy-mccain-260ea505
Page 71. *« … les protestations véhémentes… »*

https://charleroi-pourlapalestine.be/index.php/2023/12/14/pourquoi-le-bureau-de-lonu-pour-la-prevention-de-genocide-reste-t-il-silencieux-a-propos-de-gaza/
Page 71. *« … ou encore Cindy McCain… »*
https://www.devex.com/news/devex-newswire-cindy-mccain-s-tearful-clash-with-wfp-staff-over-gaza-106701
Page 72. *« Quant à l'UNRWA… »*
- https://www.i24news.tv/en/news/israel-at-war/1704531904-idf-finds-terrorist-vests-hidden-in-unrwa-bags-in-gaza-clinic
- https://www.nysun.com/article/un-agency-in-gaza-alleged-to-have-blood-on-its-hands-in-aftermath-of-october-7-massacre-of-israelis
- https://www.lemonde.fr/international/article/2024/01/26/guerre-israel-hamas-l-unrwa-se-separe-de-plusieurs-de-ses-employes-soupconnes-d-avoir-participe-a-l-attaque-du-7-octobre_6213217_3210.html
- https://fr.timesofisrael.com/des-employes-de-lunrwa-ont-fait-leloge-des-massacres-du-hamas-etude-impact-se/

Page 73. *« … la République islamique d'Iran, toujours elle… »*
https://www.reuters.com/world/irans-appointment-chair-un-rights-meeting-draws-condemnation-2023-11-02/
Page 84. *« … un père qui avait enterré son fils… »*
https://nypost.com/2024/01/17/news/israeli-dad-says-hamas-tried-to-sell-sons-decapitated-head/
Page 86. *« … il existe, ce plan… »*
https://www.bbc.com/afrique/monde-67902844
Page 94. *« … le nombre d'actes antisémites… »*
- https://www.lefigaro.fr/actualite-france/mort-aux-juifs-a-la-fac-de-nanterre-l-antisemitisme-prospere-20231117
- https://www.marianne.net/agora/humeurs/abel-quentin-menace-comme-un-juif-en-france

Page 95. *« … des lieux où l'on taguait des croix gammées… »*
https://www.lemonde.fr/societe/article/2023/12/01/a-l-universite-l-ombre-de-l-antisemitisme-fracture-la-communaute-etudiante_6203293_3224.html

Page 97. *« … torrent de boue… »*
• https://cornellsun.com/2023/10/16/cornell-professor-ex-hilarated-by-hamass-attack-defends-remark/
• https://www.20minutes.fr/monde/4060399-20231101-guerre-hamas-israel-etudiant-arrete-new-york-menaces-visant-camarades-juifs
Page 98. *« … les présidentes d'Harvard, du MIT… »*
• https://www.thefire.org/sites/default/files/2023/09/CFSR%202024_final_updated.pdf
• https://www.lepoint.fr/postillon/demission-de-la-presidente-de-harvard-la-defaite-en-trompe-l-oeil-du-wokisme-05-01-2024-2549056_3961.php
Page 103. *« Et Donald Trump lui-même… »*
https://theweek.com/articles/835714/what-donald-trump-said-about-jews
Page 125. *« … au premier Congrès des associations musulmanes et chrétiennes… »*
Yehoshua Porath, *The Palestinian Arab National Movement : From Riots to Rebellion : 1929-1939*, vol. 2 (Frank Cass and Co., Ltd, 1977).
Page 128. *« … le président du Haut Comité arabe… »*
• *New York Times*, 1er décembre 1947
• J.C. Hurewitz, *The Struggle For Palestine* (New York, Shocken Books, 1976), p. 308.
• Isi Leibler, *The Case For Israel* (Australia: The Globe Press, 1972), p. 15.
Page 135. *« … une autre catégorie de nouveaux historiens… »*
• David Motadel, *Islam and Nazi Germany's War* (Harvard University Press, 2014).
• Matthias Küntzel, *Jihad and Jew-Hatred : Islamism, Nazism and the Roots of 9/11* (Telos Press Publishing, New York, 2007).
• Jeffrey Herf, *Nazi Propaganda for the Arab World* (Yale University Press, 2009).

Page 136. *« … il n'y a pas de Juifs au Maroc, il y a seulement des sujets marocains… »*
https://www.latimes.com/opinion/op-ed/la-oe-hurowitz-moroccan-king-mohammed-v-20170425-story.html
Page 138. *« Et puis il y a Amin al-Husseini… »*
• https://www.slate.fr/story/108869/grand-mufti-jerusalem-hitler-destruction-juifs
• https://www.lepoint.fr/monde/hitler-netanyahu-mufti-la-verite-historique-22-10-2015-1975908_24.php
Page 145. *« … qu'Israël ouvrait plusieurs heures par jour pour permettre les évacuations… »*
• https://www.cnn.com/2023/11/09/politics/israel-pauses-gaza-white-house/index.html
• https://dailycaller.com/2023/11/07/israel-thousand-gazan-humanitarian-corridor-hamas-war/

TABLE

DU MÊME AUTEUR (*Suite*)

Romans

LE DIABLE EN TÊTE, Grasset, 1984.
LES DERNIERS JOURS DE CHARLES BAUDELAIRE, Grasset, 1988.

Théâtre

LE JUGEMENT DERNIER, Grasset, 1992.
HÔTEL EUROPE, Grasset, 2015.

Beaux-Arts

FRANK STELLA, La Différence, 1989.
CÉSAR, La Différence, 1990.
PIERO DELLA FRANCESCA, La Différence, 1992.
PIET MONDRIAN, La Différence, 1992.
LES AVENTURES DE LA VÉRITÉ, Grasset/Fondation Maeght, 2013.

Questions de principe

QUESTIONS DE PRINCIPE I, Denoël, 1983.
QUESTIONS DE PRINCIPE II, Le Livre de Poche, 1986.
QUESTIONS DE PRINCIPE III, *La suite dans les idées*, Le Livre de Poche, 1990.
QUESTIONS DE PRINCIPE IV, *Idées fixes*, Le Livre de Poche, 1992.
QUESTIONS DE PRINCIPE V, *Bloc-notes*, Le Livre de Poche, 1995.
QUESTIONS DE PRINCIPE VI, *avec Salman Rushdie*, Le Livre de Poche, 1998.
QUESTIONS DE PRINCIPE VII, *Mémoire vive*, Le Livre de Poche, 2001.

QUESTIONS DE PRINCIPE VIII, *Jours de colère*, Le Livre de Poche, 2004.
QUESTIONS DE PRINCIPE IX, *Récidives*, Grasset, 2004.
QUESTIONS DE PRINCIPE X, *Ici et ailleurs*, Le Livre de Poche, 2007.
QUESTIONS DE PRINCIPE XI, *Pièces d'identité*, Grasset, 2010.
QUESTIONS DE PRINCIPE XII, *Début de siècle*, Le Livre de Poche, 2013.
QUESTIONS DE PRINCIPE XIII, *Qui a peur du XXI*e *siècle*, Le Livre de Poche, 2016.
QUESTIONS DE PRINCIPE XIV, *L'Œil du cyclone*, Le Livre de Poche, 2018.

Chroniques

LE LYS ET LA CENDRE, Grasset, 1996.
COMÉDIE, Grasset, 1997.
ENNEMIS PUBLICS *(avec Michel Houellebecq)*, Flammarion/Grasset, 2008.

Cet ouvrage a été achevé d'imprimer sur Roto-Page
par l'Imprimerie Floch à Mayenne
pour le compte des éditions Grasset
en mars 2024

Mise en pages
PCA 44400 Rezé

PAPIER CERTIFIÉ

Grasset s'engage pour
l'environnement en réduisant
l'empreinte carbone de ses livres.
Celle de cet exemplaire est de :
350 g éq. CO_2
Rendez-vous sur
www.grasset-durable.fr

N° d'édition : 23132 – N° d'impression : 104366
Dépôt légal : mars 2024
Imprimé en France